Interkulturelle Philosophie zur Einführung

Heinz Kimmerle

Interkulturelle Philosophie zur Einführung

JUNIUS

Junius Verlag GmbH
Stresemannstraße 375
22761 Hamburg
Im Internet: www.junius-verlag.de

Umschlaggestaltung: Florian Zietz
Satz: Druckhaus Dresden
Druck: Druckhaus Dresden
Printed in Germany 2002
ISBN 3-88506-366-2
1. Auflage September 2002

Die Deutsche Bibliothek – CIP-Einheitsaufnahme

Kimmerle, Heinz:
Interkulturelle Philosophie zur Einführung / Heinz Kimmerle. –
1. Aufl.. – Hamburg : Junius-Verl., 2002
(Zur Einführung ; 266)
ISBN 3-88506-366-2

Inhalt

1. Einleitung

Warum interkulturelle Philosophie?

»Interkulturelle Philosophie – sie ist heute nötiger denn je.«
Gernot Böhme

Wir leben in einer Welt, in der auf vielen Gebieten, vor allem auf denen der Wirtschaft, Politik, Kunst und Religion, eine doppelte, gegenläufige Bewegung von Globalisierung und Regionalisierung vor sich geht. Diese Prozesse sind mit schwerwiegenden Problemen verbunden und müssen auf jedem der genannten Gebiete gesondert betrachtet werden. Die Ausbreitung der Wissenschaft und Technologie, wie sie in der westlichen Welt entwickelt worden sind, auf die anderen Weltteile scheint am wenigsten von Gegenbewegungen begleitet zu sein. Aber auch auf diesem Gebiet werden endogene Wissensformen und Techniken anderer Kontinente gegen eine einseitige Technisierung im westlichen Sinn ins Feld geführt.

Die verschiedenen Kulturen sind auf diese Weise weniger denn je hermetisch voneinander abgegrenzt. Zwischen ihnen findet ein vielfacher Austausch statt und sie vermischen sich in vielfältiger Hinsicht. Man kann das als einen Verlust an spezifischen Eigentümlichkeiten der je eigenen Kultur betrachten. Andererseits wird durch die Vereinheitlichung und ihre Gegenkräfte eine Dynamik freigesetzt, die neue Lebensweisen ermöglicht. Eine kulturelle Uniformität, die sich in mancher Hinsicht andeutet, gerade auch bei der jüngeren Generation, etwa in den Vorlieben für Fast Food oder Computerspiele, wird nicht erwünscht sein. In ihr würden innere Vielfalt und die damit gegebenen Spannungsverhältnisse zu sehr fehlen.

Die Entwicklungen der Globalisierung und Regionalisierung sowie des weltweiten Kulturaustauschs und der Vermischung der Kulturen wird man nicht einfach sich selbst überlassen können. Die politischen Steuerungsversuche, soweit es sie gibt, sind in erschreckendem Maß hilflos und orientierungslos. Man denke nur an den Umgang mit den Problemen der Zuwanderung in den westlichen Industrieländern oder an die Schutzlosigkeit gegenüber Terroranschlägen, sogar in den Zentren der Macht. Es scheint unabweislich notwendig zu sein, dass von philosophischer Seite aus auf diese Entwicklungen reflektiert wird, dass sie in adäquater Weise beschrieben und theoretisch geklärt werden. Und es ist nicht von der Hand zu weisen, dass auf dem Gebiet der Philosophie selbst entsprechende Entwicklungen stattfinden, die dann freilich bewusst und kritisch vollzogen werden sollten.

Erstaunlicherweise verhält sich die Philosophie der westlichen Welt im Hinblick auf diese Aufgaben in ihrer Mehrheit äußerst spröde bis abweisend. Die herkömmlichen Themen der eigenen Philosophiegeschichte und der logisch-analytischen Klärung von Problemen, die im Vollzug der Wissenschaften und im alltäglichen Sprachgebrauch auftreten, stehen so sehr im Vordergrund, dass für Fragestellungen, die mit der aktuellen Weltsituation verknüpft sind, nur wenig finanzielle Mittel und intellektuelle Energie zur Verfügung stehen. Insbesondere scheinen die offiziellen Vertreter der westlichen Philosophie nur selten bereit zu sein, sich für die Denkweisen in anderen Kulturen zu öffnen und mit ihnen in Austausch zu treten.

In Wahrheit ist es ein Erbe kolonialen Denkens, dass Philosophie für die westliche Geistesgeschichte reklamiert wird. Andere Kulturen werden als unfähig erachtet, die besondere geistige Anstrengung der Philosophie zu vollbringen. Sofern etwa in der chinesischen oder indischen Geistesgeschichte Texte von großer geistiger Tiefe angetroffen werden, werden diese als »Weisheit« qualifiziert, um sie von der besonderen intellektuellen Leistung der Philosophie abzugrenzen. Martin Heidegger bezeichnet japanische und koreanische Philosophen, die ihn besuchen, nicht als solche, sondern als »Denker«, und er berichtet von dem Gedankenaustausch mit einem japanischen Kollegen als einem Gespräch »zwischen einem (nicht namentlich genannten) Japaner und (sich selbst als) einem Fragenden«[1].

Es gibt zwar seit dem Anfang des 19. Jahrhunderts an den europäischen Universitäten das Fach »vergleichende« oder »komparative Philosophie«, in dem westliche und (fern-)östliche Philosophien nebeneinander gestellt werden. Das bleibt indessen ein äußerliches Verfahren, bei dem die philosophischen Gehalte nicht wirklich aufeinander bezogen werden. Und es geschieht charakteristischerweise nicht in den Abteilungen für Philosophie, sondern in denen für Sinologie, Indologie, Japanologie usw., in denen neben den Sprachen, Literaturen, Religionen, der Kunst sowie den politischen und gesellschaftlichen Systemen auch die Philosophien im Verhältnis zur Situation in Europa und im Westen vergleichend betrachtet werden. Die Vertreter des Faches Kulturanthropologie bzw. Ethnologie registrieren bei den Völkern, die sie besuchen und untersuchen, gelegentlich auch deren Denksysteme (systems of thought), sprechen aber nicht von deren Philosophien.

Einige wenige Philosophen im Westen und auch in anderen Teilen der Welt, die sich – unter dem Namen der »interkulturellen Philosophie« – den Aufgaben stellen, die mit den Problemen der Vereinheitlichung und Vermischung der Kulturen gegeben sind, und die den Austausch mit den Philosophien anderer Kulturen suchen und praktizieren, geraten so in die Rolle von Pionieren, die sich in einsamer oder doch vereinzelter Position um etwas Neues bemühen, das von offizieller Seite und in der Breite der philosophischen Arbeit (noch) nicht anerkannt wird.

Die Dimension des Interkulturellen

Die interkulturelle Philosophie will nicht eine neue philosophische Disziplin sein – neben Geschichte der Philosophie, Logik, Erkenntnistheorie, Ethik, philosophischer Anthropologie, Wissenschaftstheorie, Rechtsphilosophie, politischer und Sozialphilosophie oder auch Kulturphilosophie, wobei Letztere ebenfalls noch immer eine Art Randposition einnimmt. Sie sollte alle philosophischen Disziplinen und Beschäftigungen durchdringen; diese sollten jeweils die Dimension des Interkulturellen in sich aufnehmen. Das Verhältnis der Kulturen zueinander, das seit der Aufklärung eurozentrisch gedacht worden ist, gilt es philosophisch neu zu bestimmen. Dies »betrifft eines der Kernprobleme unserer Zeit, von dessen Lösung die Ermöglichung menschlichen und menschenwürdigen Lebens wesentlich mit abhängt. Deshalb wird die Philosophie heute interkulturell sein, oder sie wird nichts anderes sein als eine akademische Beschäftigung ohne gesellschaftliche Relevanz.«[2]

Ram Adhar Mall, der aus Indien stammt, aber schon seit vielen Jahren in Deutschland lehrt, hat es so formuliert: »Interkulturalität [...] ist der Name einer philosophischen und kulturellen Haltung, Einstellung und Einsicht. Diese Einsicht begleitet alle Kulturen und Philosophien wie ein Schatten und verhindert, daß diese sich in den absoluten Stand setzen. Weder ist die *philosophia perennis* jemandes Besitz alleine, noch ist einer bestimmten Kultur ›eine Entelechie eingeboren‹ (Husserl).«[3] Letzteres meint eine innere Ausrichtung, die bewirkt, dass alle anderen sich auf sie zu beziehen und an ihr zu messen hätten. Mit diesem Aufruf zur Selbstbescheidung wird freilich gegenüber der Hauptströmung der gesamten Geschichte der westlichen Philosophie etwas grundsätzlich Neues eingefordert.

Die Grundorientierung der interkulturellen Philosophie liegt damit auf derselben Linie wie Heideggers Kritik an der Metaphysik, die alles Seiende an einem höchsten Seienden (Gott, transzendentales Subjekt oder absoluter Geist) misst, Adornos Ablehnung des Identitätsdenkens, das keinen Raum für das Besondere, Andere lässt, Wittgensteins Beschränkung auf die Analyse von Sprachspielen, das heißt von einem jeweils bestimmten Handlungszusammenhang aus einzugrenzenden Spachfragmenten, oder die Philosophien der Differenz, etwa von Levinas, Foucault, Deleuze, Lyotard, Derrida, Kristeva oder Irigaray, die sich vor aller das Ganze umfassenden philosophischen Systematik dem Anderen zuwenden, dessen Andersartigkeit nicht nur als das Andere (die spiegelbildliche Gegenseite) des Eigenen verstanden wird. In diesem Sinn habe ich die Philosophien der Differenz und ihre Vorläufer als (m)einen Weg zur interkulturellen Philosophie dargestellt.[4]

Bei Mall vermisse ich eine klare Abgrenzung der interkulturellen von der vergleichenden Philosophie. Er hat jedoch insbesondere die indische und die westliche Philosophie mit großer Kennerschaft aufeinander bezogen und viele verkürzte und einseitige Beurteilungen der Ersteren korrigiert. Und er hat – in ähnlicher Weise wie der Wiener Philosoph Franz M. Wimmer – darauf hingewiesen, dass vom Ansatz der interkulturellen Philosophie aus die Geschichtsschreibung der westlichen und nichtwestlichen Philosophien von allen Absolutheitsansprüchen kritisch gereinigt werden müssen.[5] Methodisch vollzieht sich diese Philosophie als eine Vielzahl von Dialogen zwischen den Philosophien der verschiedenen Kulturen. Wimmer spricht deshalb auch berechtigterweise von einem »Polylog«. Wichtig ist, dass in Bezug auf Einzelfragen die historischen Potenziale der Philosophien verschiedener Kulturen ins Spiel gebracht werden und zusammenwirken. Dabei ist mir klar, dass der Dialogbegriff der westlichen philosophischen Tradition entstammt und mit Blick auf andere philosophische Traditionen nur als ein Angebot verstanden werden kann, das sich seiner Begrenztheit und Überholbarkeit bewusst ist. Wimmers Ansatz setzt indessen einen – wenn auch selbstkritisch infrage gestellten – inhaltlich und formal vorgegebenen Philosophiebegriff voraus, der sich paradoxerweise von den einzelnen philosophischen Disziplinen aus definiert, wie sie sich in der westlichen Tradition herauskristallisiert haben.[6]

Dass sich interkulturelle Philosophie methodisch als Dialog vollzieht, hat eine Reihe wichtiger Implikationen. Entscheidend sind der gleiche Rang der Dialogpartner, die Offenheit des Ergebnisses und die nicht nur diskursiv-sprachlichen Mittel und Wege der Verständigung. Im Unterschied zum Diskursbegriff, wie ihn Karl-Otto Apel und Jürgen Habermas verwenden, der die Methode des vernünftigen Argumentierens zur letztlich entscheidenden Grundlage macht, wird hier die Erwartung betont, dass mein Dialogpartner mir etwas zu sagen hat, was ich mir (aufgrund meiner Teilhabe an einer allgemein menschlichen Vernunft) nicht auch selbst hätte sagen können.

Auch Raúl Fornet-Betancourt, in Lateinamerika beheimatet und in Deutschland an der Technischen Hochschule Aachen lehrend, verwendet für seinen Ansatz der interkulturellen Philosophie den Dialogbegriff an zentraler Stelle. Er organisiert Seminare eines »philosophischen Dialogprogramms« und sucht deren Arbeit theoretisch zu begründen. Er richtet sich besonders auf die mittel- und südamerikanischen Kulturen und stellt der »Theologie der Befreiung«, die in diesem Gebiet entwickelt worden ist, philosophische und interdisziplinäre »Studien zur Befreiung und Interkulturalität« zur Seite. Im Kontext der westlichen Philosophie hat er in den Vertretern der Diskursethik, also vor allem Apel und Habermas, Gesprächspartner gefunden, möchte sich aber auf die Dauer nicht auf eine »Auseinandersetzung zwischen Diskursethik und Befreiungsethik« beschränken, sondern sich auch den konkreten Problemen der interkulturellen Kommunikation stellen.[7] In einer programmatisch konzipierten Schrift zu seinem Ansatz der interkulturellen Philosophie, den er selbst als eine »Wende« von »Wegen in die Inkulturation« zur »Interkulturalität« beschreibt, stellt er deutlich und im Einzelnen heraus, dass es ihm um eine »neue Gestalt der Philosophie« geht, um eine »Transformation« dessen, was Philosophie ist, die diese von ihren jeweiligen »monokulturellen« Gestalten zu der des »interkulturellen Dialogs« führt. Auf diese Weise überwindet die interkulturelle Philosophie das »System der komparativen Philosophie« und öffnet sich für »die Idee der Universalität«, die nicht aufgrund einer These vorgegeben ist, sondern sich konkret herstellt.[8]

Bei der Dimension des Interkulturellen geht es um regelmäßige und andauernde Kontakte und den Austausch zwischen Vertretern verschiedener Kulturen, die aber im Übrigen in ihrem jeweiligen kulturellen Kontext verbleiben. Dies sei zur Abgrenzung der Interkulturalität von der Multikulturalität gesagt. Bei Letzterer handelt es sich um das Zusammenleben von Menschen, die aus verschiedenen Kulturen kommen, auf dem Gebiet eines bestimmten Staates und im Lebenszusammenhang einer bestimmten Gesellschaft. Die Probleme der Interkulturalität und der Multikulturalität sind in vielen Hinsichten dieselben oder doch ähnlich und beide Problembereiche können fruchtbar aufeinander bezogen werden. Dennoch wird es gut sein, sie voneinander zu unterscheiden. Zudem beschränken wir uns in dieser Einführung auf die interkulturelle Kommunikation auf dem Gebiet der Philosophie.

Der niederländische Autor J. van Brakel betont ebenfalls die Nähe multikultureller und interkultureller Fragestellungen und beschränkt sich bewusst auf die philosophischen Voraussetzungen der interkulturellen Kommunikation. Die nichtsprachlichen Aspekte dieser Kommunikation werden herausgestellt, die gerade auch dann eine wichtige Rolle spielen, wenn der »unverbrüchliche Zusammenhang von Sprache und Welt«[9] aufgezeigt wird und die interkulturelle Kommunikation sich in Dialogen vollzieht. Demgegenüber vertritt Jens Loenhoff in seiner Arbeit *Interkulturelle Verständigung* primär einen soziologischen und sprachwissenschaftlichen Ansatz im Rahmen einer allgemeinen Kommunikationstheorie, freilich ohne ihre philosophischen Implikationen zu vernachlässigen.[10]

Dass es bei der interkulturellen Philosophie ums Verstehen und dessen Resultat, also Verständigung, geht, liegt auf der Hand. Es ist deshalb nahe liegend, dass Mall seinen Ansatz der interkulturellen Philosophie als Hermeneutik präsentiert, und zwar als eine »Hermeneutik im weltphilosophisch interkulturellen Kontext«. Dabei erweist es sich als notwendig, das interkulturelle Verstehen von der Hermeneutik im Sinne Hans-Georg Gadamers abzugrenzen. Die »Spannung zwischen Fremdheit und Vertrautheit«[11] nimmt beim interkulturellen Verstehen noch andere Formen an, als es bei Verstehensprozessen innerhalb der eigenen Kultur der Fall ist. In diesem Punkt würde ich die gesteigerte Fremdheit beim interkulturellen Verstehen radikaler sehen und die Grenzen des Verstehens enger ziehen, sodass auch zeitweise oder auf Dauer Unverstandenes übrig bleibt. Deshalb scheint es mir fraglich, ob das gesamte Unternehmen der interkulturellen Philosophie »Hermeneutik« heißen kann. Die interkulturellen Dialoge führen dazu, Gemeinsamkeiten und Unterschiede zu konstatieren und nicht Verstehbares im Kontext einer fremden Kultur gegebenenfalls stehen zu lassen und zu respektieren.

Die Frage der gesteigerten Fremdheit in der interkulturellen Kommunikation und ihrer Folgen für das Verstehen oder Nichtverstehen des Anderen ist mit bemerkenswerter phänomenologischer Klarheit und Schärfe von dem Bochumer Philosophen Bernhard Waldenfels untersucht worden.[12] Seine *Topographie des Fremden* ist für die interkulturelle Philosophie von großer Bedeutung. Sie führt gewissermaßen von selbst zu »interkulturellen Diskursen«, wobei der Diskursbegriff freilich nicht im Sinn der habermasschen bzw. apelschen Diskursphilosophie aufzufassen ist, sondern einfach im Sinn wissenschaftlich-philosophisch begründeten Sprechens.

Die besondere Stellung des Fremden, seine Eigenart und der Appell, der von seinem reinen Vorhandensein ausgeht, sind zuerst von dem französischen Philosophen jüdischen Glaubens Emmanuel Levinas (1905-1995) thematisiert worden. Er sieht im Fremdsein eine elementare Gegebenheit, die jeder aus der Distanz der philosophischen Reflexion heraus entworfenen Ontologie vorhergeht. Vom Antlitz des Fremden geht ein ethischer Anspruch aus, den das Ich nicht abweisen kann. »Der *Eintritt* des Antlitzes in unsere Welt«, der in ihr eine unauslöschliche »Spur« hinterlässt, »geschieht im Ausgang von einer absolut fremden Sphäre – d.h. aber gerade im Ausgang von einem Absoluten, was übrigens der eigentliche Name der tiefen Fremdheit ist.«[13]

In Levinas' Akzentuierung des Fremden liegt eine wichtige Voraussetzung für die Untersuchungen der aus Bulgarien stammenden und in Paris lebenden Philosophin Julia Kristeva zur Frage des Fremdseins, die von der Differenzphilosophie in ihren verschiedenen Formen sowie von der Theorie und Praxis der

Psychoanalyse ausgehen. Wenn indessen jeder das Fremdsein, auch das gesteigerte Fremdsein des Anderen aus einer anderen Kultur oder die »tiefe Fremdheit« im Sinn von Levinas, ebenso in sich selbst, in den unbewussten Tiefen seiner Psyche, antreffen kann, gerät es doch wieder zu einer universalen Struktur, die dann nicht mehr auf die konkrete Erfahrung der Begegnung mit diesem Anderen angewiesen ist.[14]

Auch Herfried Münkler und Bernd Ladewig kommen in ihrer Einleitung zu dem Band *Die Herausforderung durch das Fremde* zu dem Ergebnis, dass »Fremdheit gradualisierbar« ist und dass es eine »definitive Fremdheit in der kognitiv-kulturellen Bedeutungsdimension« gibt, die nicht auf relatives, immer irgendwie überwindbares Fremdsein reduzierbar ist.[15] Sie argumentieren jedoch nicht nur philosophisch, sondern vertreten einen interdisziplinären Ansatz, der seine eigene Relevanz hat, aber außerhalb des Horizonts dieser Einführung bleibt.

Ähnliches gilt für den Versuch von Munasu Duala-M'bedy, der in kritischer Wendung gegen die Kulturanthropologie und ihre Verflechtung mit der kolonialen Theorie und Praxis der westlichen Länder eine »Wissenschaft vom Fremden« begründen will, bei der »die Verdrängung der Humanität« vermieden wird, die dazu führt, dass der Andere nicht als Partner gleichen Rangs akzeptiert wird. Duala-M'bedy hat dafür den Begriff »Xenologie« geprägt, der »als Bezeichnung für den allgemeinen Symbolisierungsprozeß der Fremdheitsstrukturen und deren erkenntnistheoretische Fragen« dienen soll. Dabei wendet er sich mit Nachdruck gegen eine »Symbolsprache«, die »Epitheta« wie »Wilde« oder »primitive«, »schriftlose Naturvölker« verwendet.[16] Auf der Grundlage dieses interdisziplinären Forschungsansatzes ist der Band *Das Begehren des Fremden* angesiedelt, der zugleich Levinas' Gedanken des Anspruchs, der vom Antlitz des Fremden ausgeht, ernst zu nehmen sucht.[17]

Die Betonung der gesteigerten Fremdheit des Fremden aus anderen Kulturen soll indessen nicht darüber hinwegtäuschen, dass inter- und intrakulturelle Probleme miteinander verflochten sind. Elmar Holenstein ist dieser Frage nachgegangen, indem er die Reichweite des »Schulbeispiels Schweiz« untersucht, die ja wie kaum ein anderer Staat in ihrer Binnenstruktur auf engstem Raum »plurikulturell« ist. Er kommt zu dem Ergebnis, dass »interkulturelle Verständigung« möglich ist »dank der intrakulturell ebenso notwendigen spezifisch-menschlichen Fähigkeit zum Perspektivenwechsel«. Intra- und interkulturelles Verstehen beruhen demnach auf der Fähigkeit des Menschen, »sich auf den Standpunkt anderer zu versetzen«. Dies zeigt sich paradigmatisch in der Möglichkeit, fremde Sprachen zu lernen, in denen man prinzipiell alles ausdrücken kann, was auch in der eigenen Sprache artikulierbar ist, und mehr als das.[18] Wenn gesteigerte Fremdheit des interkulturellen Verstehens für diese Konzeption bedeutet, dass sie nichts anderes bedingt als ein einfaches Weitergehen auf demselben Weg, auf dem intrakulturelles Verstehen möglich wird, geraten die spezifischen Probleme der Interkulturalität freilich wieder aus dem Blickfeld.

Auch für Dieter Senghaas ist unter den heutigen kontingenten Bedingungen die europäische Problemlage mit derjenigen in der gesamten Welt eng verknüpft. Der Zivilisierungsprozess der europäischen Geschichte, der nicht in den Anfängen schon angelegt war und sich durch viele Konflikte hindurch verwirklicht hat, führt schließlich zu der »Leitperspektive« friedlicher Koexistenz. Dieser Prozess, der in der Terminologie Max Webers als Übergang »traditionaler in moderne Gesellschaften« beschrieben wird, vollzieht sich in nichteuropäischen Kulturen in vergleichbarer Weise, sofern er auch in ihnen einen »Konflikt der Kulturen mit sich selbst« hervorruft. Dabei handelt es sich um ein äußerst komplexes Geschehen, das unter jeweils verschiedenen geschichtlichen Voraussetzungen »Modernisierungsschübe« und daraus »resultierende kulturelle Umbruchsituationen« herbeiführt.[19]

Der »herkömmlichen Philosophie« bescheinigt Senghaas, dass sie aufgrund ihrer Begrenzung auf den eigenen Kulturraum »angesichts moderner Wirklichkeiten notwendigerweise unterkomplex« ist. Vor allem eine Zweiteilung der Welt in die feindlichen Lager: westlich und nicht westlich, wie sie von Samuel P. Huntington konzipiert wird[20], wird dieser Wirklichkeit nicht gerecht. Senghaas' These, dass die Entwicklungen außerhalb Europas »ohne europäisch-westlichen Bezug nicht zu denken sind«, ist kontingent und nicht »kulturessenzialistisch« gemeint. Sie entspricht der Auffassung, dass der Universalismus der westlichen Kultur kontingent entstanden und deshalb nur a posteriori erkennbar ist.[21]

Aus der Situation der Bezogenheit der europäisch-westlichen Kultur auf alle anderen in der Welt vertretenen ergibt sich für »einen fruchtbaren interkulturellen Dialog und damit auch für interkulturelle Philosophie« eine ganz besondere Chance, weil im Kontext dieser Situation »alle Kulturen mehr als je in der Vergangenheit [...] mit sich selbst in Konflikt geraten *und darüber selbstreflexiv werden*«[22]. Dabei stehen sich die verschiedenen Kulturen nicht als in sich abgeschlossene Entitäten gegenüber, und das »interkulturelle Gespräch« ist »zwischen kulturellen Segmenten quer durch die Welt« zu führen. Die besonderen Bedingungen, unter denen Modernisierung und Verwestlichung in der ganzen Welt erfolgen, verlangen indessen, dass die Eigenarten der jeweiligen Kultur mit Sorgfalt und Respekt zu erfassen und zu berücksichtigen sind.

Die Nachbarschaft zur interkulturellen Kunst

Es gehört zu den Voraussetzungen von Dialogen, dass sie zwischen Partnern geführt werden, deren Auffassungen dem Rang nach gleich und dem Inhalt nach verschieden sind. Die Praxis interkultureller philosophischer Dialoge zeigt, dass sie auf dem Gebiet der Philosophie möglich sind. In Wirtschaft und Politik, auch in Wissenschaft und Technologie (im westlichen Sinn) besteht ein deutliches Gefälle an Macht, Einfluss und Kompetenz zwischen den hoch industrialisierten und technisierten Ländern des Nordens und den häufig als Entwicklungsländer bezeichneten Gebieten des Südens. Das findet seinen Ausdruck in der Theorie und Praxis der Entwicklungspolitik. Von gleichen Positionen kann dabei (vorerst) nicht die Rede sein. Und die Kommunikationsform der Dialoge ist allenfalls partiell oder in Ansätzen zu verwirklichen. Diese herrschende Perspektive mag eine Rolle spielen, wenn in der Philosophie die Voraussetzung der Gleichheit dem Rang nach nur schwer allgemeine Anerkennung findet.

Auf dem Gebiet der Kunst ist die Anerkennung der Gleichheit der Kulturen und die Praxis gegenseitiger Kenntnisnahme und gegenseitigen Austauschs bereits weiter gediehen als in der Philosophie. Der »Japonismus« van Goghs und einiger Zeitgenossen, der Einfluss afrikanischer Masken auf Picasso, Braque und De Vlaminck, bis hin zu den gegenseitigen Besuchen von Dogon-Künstlern aus dem heutigen Mali und Malern der niederländischen Cobra-Gruppe oder der »afrikanisch-europäischen Inspiration«, die vier togolesische und fünf deutsche Künstler bei einer Zusammenarbeit in Togo erfahren und die in mehreren deutschen Museen dokumentiert wird, sind Meilensteine auf diesem Weg.[23]

Eine repräsentative Ausstellung von Werken zeitgenössischer

westlicher Künstler, die 1984 in New York stattfindet und die wesentliche Anregungen durch nichtwestliche Kunstäußerungen aufzuzeigen sucht, hat als Titel »›Primitivism‹ in 20th century art«, wobei »Primitivism« in Anführungsstrichen steht. Eine umfangreiche und differenzierte Präsentation nichtwestlicher Kunst durch westliche Kuratoren in der Ausstellung »Magiciens de la terre« 1989 in Paris vermeidet diesen Begriff. Und als wiederum fünf Jahre später im Institut du Monde Arabe in Paris »Rencontres africaines« auf dem Gebiet der bildenden Kunst gezeigt werden, sind es arabische Organisatoren, die subsaharische Kunst, und subsaharische Ausstellungsmacher, die nordafrikanisch-arabische Kunst auswählen und darbieten.[24] Als ein weiterer Schritt auf diesem Weg kann die Tatsache gewertet werden, dass die Documenta 11 im Jahr 2002 zum ersten Mal von einem Afrikaner, dem in New York lebenden Nigerianer Okwui Enwezor, geleitet wird.

Man wird also sagen können, dass in der bildenden Kunst interkulturelle Dialoge nicht nur größere Anerkennung finden, sondern auch eher begonnen haben als in der Philosophie. Sie können die entsprechenden Versuche von Philosophen ermutigen und stärken. Wenn es für das allgemeine Bewusstsein annehmbar erscheint, dass es Kunst, wenn auch nicht unter diesem Namen, in allen Kulturen gibt und gegeben hat und dass ein Austausch von Kunst zwischen den Kulturen interessant und für alle Beteiligten förderlich ist, wird man eher geneigt sein, entsprechende Thesen für die Philosophie als nicht verfehlt oder an der Sache vorbeigehend zu beurteilen. So wird vielleicht auch der seit der Aufklärung verbreitete Eurozentrismus der westlichen Philosophie besser überwindbar. Und man kann davon ausgehen, dass durch die Tatsache interkultureller Dialoge in Kunst und Philosophie auch die Vertreter verschiedener Kulturen in Wirtschaft und Politik sowie in Wissenschaft und Technologie dazu angeregt werden, soweit es geht, dialogischer zu sein. Auf dem Gebiet der Religionen freilich verhält es sich komplizierter.

Dass es in Kunst und Philosophie, wenn auch mit zeitlicher Verschiebung, entsprechende Entwicklungen gibt, beruht m.E. auf einer tiefer gehenden Nachbarschaft beider Phänomene. In diesem Zusammenhang habe ich die zu verbreiteten Annahmen quer stehende These aufgestellt, dass es in Kunst und Philosophie im Hinblick auf das eigentlich Künstlerische bzw. eigentlich Philosophische keine Geschichte und jedenfalls keinen Fortschritt gibt. Geschichtliche Entwicklungen und Fortschritte gibt es lediglich bei den technischen Mitteln und Möglichkeiten, die von Künstlern und Philosophen für ihre Arbeit benutzt werden. Aber Computergrafiken sind nicht qualitativ besser oder weiter entwickelt als Ölgemälde. Und gedruckte Texte oder auch digital gespeicherte haben keinen Vorteil gegenüber philosophischen Äußerungen, die mit der Hand geschrieben oder in mündlicher Überlieferung weitergegeben worden sind.

Die Gemälde in den Höhlen von Lascaux, die mehr als 20 000 Jahre alt sind, werden durch keine späteren Werke der bildenden Kunst übertroffen. Und es ergibt keinen Sinn zu sagen, dass Kant und Hegel oder Heidegger und Wittgenstein bessere Philosophien hervorgebracht haben als Laozi und Kongzi oder als Platon und Aristoteles, die Tausende von Jahren früher gelebt und philosophisch gearbeitet haben, um nur einige wenige Beispiele zu nennen. Was vor allem Hegel als Geschichte der Philosophie konzipiert hat und was seiner Meinung nach durchaus und in wesentlicher Hinsicht Fortschritte enthält, bezeichnet genau genommen Zusammenhänge des Weiterdenkens und Aufbauens auf früher Gedachtem innerhalb eines bestimmten Traditionszusammenhanges, wobei auch kritische Bezugnahmen an der Tagesordnung sind, ohne dass die späteren Philosophien die vorangegangenen in qualitativem Sinn übertreffen würden.[25]

2. Globalisierung und Regionalisierung

Seit den Berichten an den Club of Rome über *Grenzen des Wachstums* (1972) und *Menschheit am Wendepunkt* (1974) sowie dem Bericht des amerikanischen Präsidenten Carter, *Global 2000*, und dessen Fortschreibung, *Global Future* mit dem Untertitel »Es ist Zeit zu handeln« (1980/81), ist die Rede vom Global Village und dem »kleinen Planeten«, auf dem wir leben und mit dessen geringer werdenden Resourcen wir uns einrichten müssen, fast zu einem Gemeinplatz geworden. Der Bericht der World Commission on Environment and Development unter der Leitung von G.H. Brundtland, *Our Common Future* (1987), sucht die Umweltprobleme und eine »dauerhafte Entwicklung«, die durch eine maßvolle Politik gelenkt werden muss, im Weltmaßstab zusammenzubringen. Es ist jedoch fraglich, ob dies gelingen kann, wenn an dem Gedanken einer zwar kontrollierten, aber im Prinzip ins Unendliche weiter gehenden Entwicklung festgehalten wird.

Inzwischen ist durch den Zerfall der Sowjetunion und Jugoslawiens sowie durch die zahlreichen ethnischen Konflikte, die z.T. damit gepaart sind, und die auch an anderen Stellen der Welt ausbrechen (man denke nur an Ruanda, Ost-Timor oder Zentralasien), auch die Gegenbewegung zur Globalisierung für jedermann sichtbar. Diese gegenläufigen Bewegungen, mit denen wir seitdem zu tun haben, geschehen indessen in Wirtschaft und Politik, Wissenschaft und Technologie, Religion, Kunst und Philosophie unter je verschiedenen Bedingungen, die eine genauere Analyse berücksichtigen muss.

Wirtschaft und Politik

Es zeigt sich immer wieder, dass die Wirtschaft die stärkste Kraft ist, die auf großräumige Entwicklungen und weltweite Verflechtungen hindrängt. Die Ausdehnung des gemeinsamen Marktes, wie sie sich in Europa vollzieht, um zu den ohnehin sehr viel größeren Wirtschaftseinheiten Nordamerikas ein Gegengewicht bieten zu können – man denke etwa an die Einführung des Euro 2002 –, ist eines der hervorstechendsten Beispiele. Aber auch die Zusammenarbeit der Länder, die Handelsbeschränkungen aufheben oder vermindern wollen, und der sieben bis acht größten Industriestaaten (ohne oder mit Russland) macht regelmäßig von sich reden. Diese Entwicklungen der Märkte bedingen immer größere und effektivere Produktionsweisen und Produktionseinrichtungen. Kleinbetriebe und auf übersehbare Absatzgebiete eingerichtete Produktionsstätten werden in den gewaltigen Sog dieser Ausdehnungsbestrebungen mit hineingerissen und können ihm auf die Dauer wenig entgegensetzen. Die Bürgerbewegungen, die sich gegen die Beschädigung der Umwelt durch diese Tendenzen richten, sind buchstäblich vom herrschenden wirtschaftlich-politischen System aufgesogen und in den meisten Fällen in ihren Forderungen auf minimale Maße zurückgebracht worden.

Die internationalen Protestbewegungen, die gegen wirtschaftliche Globalisierung kämpfen, weisen vor allem darauf hin, dass diese den reichen Ländern und innerhalb dieser Länder einigen wenigen sehr viel mehr als der breiten Masse zugute kommt. Die Schere zwischen Reich und Arm oder in den Industrieländern zwischen Reich und Nicht-Reich klafft allenthalben immer weiter auseinander. Vor allem Subsistenzökonomien und lokale Märkte, wie es sie in Afrika und anderen industriell weniger entwickelten Gebieten der Welt noch gibt, können sich diesen

Entwicklungen gar nicht oder nur sehr mühsam anschließen und geraten in bitterste Armut. Schließlich sind hier die Krisen in der hoch entwickelten landwirtschaftlichen Produktion der westlichen Welt zu nennen (BSE- und MKS-Krise), die Gegenkräfte zur Globalisierung auf den Plan rufen. Die wenigen biologisch und umweltfreundlich produzierenden Agrarbetriebe gewinnen in diesem Zusammenhang etwas an Boden und können ihre wirtschaftliche Position stärken.

Die Politik sucht in erster Linie der wirtschaftlichen Globalisierung zu folgen und für diese günstige Bedingungen zu schaffen. Die Machtverhältnisse zwischen Wirtschaft und Politik lassen auch kaum etwas anderes zu. Das lässt sich schon daran ablesen, dass das Jahresbudget eines internationalen Konzerns, z.B. von General Motors, den Haushalt eines Staates bei weitem übertrifft. Und dies gilt auch für mittelgroße und große Staaten wie Deutschland oder Frankreich. So soll dem gemeinsamen europäischen Markt eine politische Union der entsprechenden Staaten folgen. Von Nordamerika geht ein wachsender Einfluss aus auf die mittel- und südamerikanischen Staaten. Und die Liga der arabischen Staaten ist in zunehmendem Maß um eine gemeinsame politische Linie bemüht. In Afrika sind die Bestrebungen, zu regionalen Zusammenschlüssen zu kommen, wie die Zusammenarbeit von Uganda, Kenia und Tansania in Ostafrika, die politische Annäherung der ECOWAS-Staaten (Economic Union of Westafrican States) in Westafrika, und erst recht die panafrikanische Bewegung sehr viel weniger erfolgreich. Aber auch hier bleibt die Organisation Afrikanischer Staaten (OAS) in ihren regelmäßigen Konferenzen um politische Koordination bemüht.

Im weltweiten Maßstab nehmen die Einflussmöglichkeiten der UNO eher ab. Das hat wohl mit dem Verschwinden des Ost-West-Gegensatzes zu tun, in dem den Vereinten Nationen unter bestimmten Bedingungen eine Vermittlerrolle zufiel, da die Länder der so genannten »Dritten Welt« bei Konflikten mit zu entscheiden hatten. Seitdem spielen die USA ihre Rolle als einzig übrig gebliebene Supermacht, die überall in der Welt regulierend und die Interessen freier demokratischer Politik schützend einzugreifen in der Lage und bereit ist, mehr schlecht als recht. Dabei stehen entsprechende Aktionen (in Somalia, in der Region des Persischen Golfs, besonders im Konflikt mit dem Irak und Afghanistan, und auf dem Balkan) häufig quer zu den Einflussmöglichkeiten der UNO. Wenn die amerikanische Regierung einen international breit angelegten Kampf gegen den Terrorismus inszeniert (übrigens mit bewusster Einschaltung des Sicherheitsrates der UNO), kehrt sie zu einer ideologischen Zweiteilung der Welt zurück. So richtig es ist, zwischen dem Islam und dem Terrorismus zu differenzieren, kann ein einfaches Freund-Feind-Denken mit Terroristen auf der einen Seite und Ländern mit freiheitlich-demokratischen Verfassungen auf der anderen Seite, das ja keineswegs der Wirklichkeit entspricht, nicht zu den Bemühungen beitragen, der Regionalisierung als Differenzierung gerecht zu werden, die inmitten der wirtschaftlichen und politischen Vereinheitlichung kulturelle Sonderbedingungen anerkennt.

Vom Zerfall der Sowjetunion und des Jugoslawien, das Tito gegründet hat, sowie den ethnischen Konflikten, die daraus entstanden sind, war schon die Rede. Der Begriff und die Sache der »ethnischen Säuberungen« sind noch in schreckensvoller Erinnerung. Ebenso die grausamen Militäreinsätze der türkischen Regierung gegen die Selbstständigkeitsbestrebungen der kurdischen Minderheit. Ethnische Spannungen und Kriege, die sich beispielsweise zwischen Hutu und Tutsi bis zum Völkermord gesteigert haben, findet man an vielen Stellen in Afrika. Der Versuch, die ethnischen Unterschiede positiv einzubringen, wie etwa in Äthiopien, wo in einem demokratischen System an die Stelle politischer Parteien ethnische Gruppen getreten sind, hat nicht zu überzeugenden Ergebnissen geführt. Der Prozess, die Besonderheit der verschiedenen Regionen, die am ehesten kulturell zu definieren ist, im Zusammenwachsen der Welt zu einer großen Einheit auf friedlichem Weg zur Geltung zu bringen, hat sich in der Praxis als schwierig erwiesen.

Im Spannungsfeld von wirtschaftlicher und politischer Globalisierung und Regionalisierung sind die gigantischen Migrationsströme zu erwähnen. Viele Menschen flüchten aus Konfliktgebieten in Regionen, wo sie sicherer sind. Und viele suchen in den Industrieländern ein besseres Leben, als es in den industriell weniger entwickelten Gebieten erreichbar ist. Wirtschaftliche Interessen, bei denen es um billige oder in bestimmter Hinsicht qualifizierte Arbeitskräfte geht, und politische Abschottungsmaßnahmen, die einer wachsenden Anzahl so genannter Wirtschaftsflüchtlinge den Zugang zu den Industrieländern verwehren sollen, sind dabei oft nur mühsam aufeinander abzustimmen. Die multikulturellen Gesellschaften, die so entstehen, werden allermeist kritisch gesehen. Für die dabei entstehenden Probleme findet die Politik selten adäquate Lösungen. Der Hinweis darauf, dass in der Tatsache der Anwesenheit von Menschen aus vielen verschiedenen Kulturen auf dem Gebiet eines Staates auch entschieden positive Möglichkeiten liegen, der auch von philosophischer Seite aus gegeben wird, findet wenig Gehör. Man kann gespannt sein, was sich bei dem in dieser Hinsicht wohl einmaligen Experiment der Republik Südafrika ergeben wird, das den Gedanken der »Rainbownation« bewusst als positiven Ansatz propagiert.

Die ideologischen Unterschiede zwischen der westlichen und der islamischen Welt können im Sinn einer neuen Polarisierung in zwei feindliche Lager aufgefasst werden. Um dem entgegenzuwirken, spielt der Begriff des Dialogs in der Politik eine nicht unbedeutende Rolle. Ein Dialog der Kulturen und der Religionen soll die gemäßigten Kräfte beider Seiten zueinander führen und die Fundamentalisten bzw. Hardliner, die es in beiden Lagern gibt, isolieren. Ein Dialog, der auf diese Weise funktionalisiert wird und politischen Zielen dienen soll, kann freilich nur in einem eingeschränkten Sinn so heißen. Aber er kann dennoch ein Element der Verständigung und des Ausgleichs bilden, das in der wirtschaftlichen und politischen Doppelbewegung von Globalisierung und Regionalisierung in der Lage ist, zum Entstehen eines Gleichgewichts beizutragen.

Wissenschaft und Technologie

Die Wissenschaften, die seit langem international betrieben werden, haben ihre eigenen Bedingungen der Zusammenarbeit. Die Experimente sehr avancierter Wissenschaften wie der theoretischen Physik erfordern einen Aufwand auch an finanziellen Mitteln, den ein einzelner Staat nicht zur Verfügung stellen kann. Für Biochemie und Pharmazie bieten sich Standorte in der Umgebung entsprechender Industrien an, und die Genforschung siedelt sich in Staaten an, die den Wissenschaftlern auf diesem ethisch sensiblen Gebiet die größten Spielräume lassen. In allen Fächern und Disziplinen sorgen zahllose Kongresse und Konferenzen für einen Austausch über die Grenzen einzelner Länder und Kontinente hinweg. Auf die Sonderstellung der Philosophie, die mit ihrer Nachbarschaft zur Kunst zusammenhängt, gehe ich später näher ein.

Insgesamt gibt es freilich ein deutliches Gefälle zwischen den mehr und den weniger industriell entwickelten Ländern, das einfach von den vorhandenen finanziellen Möglichkeiten abhängt. Universitäten, Institute, Laboratorien, Bibliotheken, elektronische Apparate usw. kosten viel Geld. Aber auch hier gibt es, gerade in neueren Wissenschaften wie der Informatik, einzelne Gegenbewegungen. Es ist erstaunlich genug, dass Deutschland auf dem zuletzt genannten Gebiet Fachkräfte aus Indien, den osteuropäischen Ländern und den Balkanstaaten anwerben muss. Geisteswissenschaften scheinen gewissermaßen Luxusfächer zu sein, die in reichen Ländern am ehesten gedeihen, während in den Sozialwissenschaften und in der christlichen Theologie bestimmte innovative emanzipatorische Impulse auch von weniger entwickelten Teilen der Welt, etwa Süd- und Mittelamerika oder Südafrika, ausgehen. Insbesondere sind hier die »Theologie der Befreiung« aus Süd- und Mittelamerika und die »schwarze Theologie« aus Südafrika zu erwähnen. Aber auch weiße Afrikaner bemühen sich, die Verbindung zwischen Kolonisierung und Missionierung kritisch zu sehen und zu korrigieren. Darauf komme ich im folgenden Abschnitt zurück.

Schwierige politische und ethische Probleme entstehen bei der Anwendung der Wissenschaften. Was gesellschaftlich bzw. militärisch relevant ist, wird oft genug am meisten gefördert. Die wirtschaftliche, aber auch die politische oder in der öffentlichen Meinung bestehende »Konjunktur« beeinflusst die Entwicklung und Förderung der Wissenschaften. Diese Probleme spitzen sich zu, wenn bestimmte wissenschaftliche Ergebnisse in der Waffentechnik verwendet werden. Dass die Ergebnisse der Mikrophysik, insbesondere der Quantenmechanik, für den Bau von Atomwaffen verwertet werden, hat zu Gewissenskonflikten bei den betroffenen Wissenschaftlern und zu intensiven Reflexionen über die Verantwortung der Wissenschaft geführt. Neben zahlreichen Texten, auch Zeitungsartikeln von Carl-Friedrich von Weizsäcker ist hier die Präzisierung des Verantwortungsbegriffs durch Hans Jonas zu erwähnen.[26] Es geht um die im Grunde nicht zu beantwortende Frage: Kann der Forschungsprozess sich selbst begrenzen oder von außen her, etwa mit politischen oder rechtlichen Mitteln, so begrenzt werden, dass für die Menschen schädliche Anwendungen vermieden werden, jedenfalls sofern diese für den Bestand der Menschheit gefährliche Ausmaße annehmen?

Ähnliches gilt für die Anwendung wissenschaftlicher Erkenntnisse bei der Produktion chemischer oder biologischer Waffen. Es gehört zur weltweiten Verbreitung von Wissenschaft und Technologie, dass Massenvernichtungsmittel, die auf physikalischen, chemischen und biologischen Erkenntnissen beruhen, auch von ideologisch fanatisierten oder schlichtweg verbrecherischen Individuen oder Gruppen eingesetzt werden können. Hier liegt im Zeitalter des international operierenden Terrorismus eine konkrete Gefahr. Die Ergebnisse der Genforschung können zur Manipulation der menschlichen Erbanlagen eingesetzt werden. Diese Möglichkeit ruft geradezu Horrorvisionen hervor, die in Aldous Huxleys *Schöner neuer Welt* einen noch geradezu harmlosen Vorläufer haben.[27] Andererseits lässt sich jenes Wissen auch verwenden, um die Anfälligkeit für bestimmte Krankheiten zu vermindern oder um Heilmittel zu erproben und herzustellen. Das ethische Dilemma der Begrenzung der Forschung kann nicht durch prinzipielle Beschlüsse, sondern nur dialogisch gelöst werden, indem durch Fachleute, Vertreter gesellschaftlicher Gruppen, Politiker und Ethiker konkrete Fragen beraten und entschieden werden.[28]

Die hoch technisierten industriellen Produktionsweisen bedingen gewaltige Steigerungen der Produktivität und Erleichterungen für die Menschen von der Last schwerer Arbeit. Diese gewollten Effekte sind bis heute nicht gleichmäßig über die verschiedenen Gebiete der Welt verteilt. Und es gibt unerwünschte

Nebenwirkungen dieser Produktionsweisen, sofern sie zu Belastungen der Umwelt führen. Hier stellen endogene Technologien in wenig industrialisierten Ländern eine Gegenbewegung dar. Sie sind letztlich weniger effektiv, zeigen aber doch Möglichkeiten und Wege umweltschonender Produktion auf, die auch für die Industrieländer relevant sein können. Die von den Niederlanden aus koordinierte Bewegung COMPAS (Comparing and Supporting Endogenous Development) organisiert zahlreiche Projekte in vielen wenig industrialisierten Ländern zur Förderung »endogener Entwicklung«.[29]

Die Computertechnologie und im weiteren Sinn die elektronischen Medien stoßen auch in den Fragen der Globalisierung und Regionalisierung in theoretisches und praktisches Neuland vor. Dass der Einsatz eines dualen Rechensystems auf vielen Gebieten eine immense Erhöhung der Effektivität ermöglicht und dass räumlicher Abstand praktisch keine Rolle mehr spielt, stimuliert auch bei jungen Menschen und in entlegenen Gebieten Fantasie und Experimentierfreudigkeit, die zu erstaunlichen Fertigkeiten und Fähigkeiten führen, sofern überhaupt brauchbare Apparatur vorhanden ist. Es gilt freilich auch hier, was bei jeder Technologie zu beachten ist: dass sie eine Eigendynamik entfaltet, die vergessen machen kann, dass sie ein Mittel und nicht Selbstzweck ist. Schon seit längerem wirft die »technische Zivilisation« Fragen auf, die auch von der Philosophie angegangen werden müssen.[30]

Religion

In der Geschichte haben die Religionen im Zusammenleben der Völker und Kulturen eine höchst ambivalente Rolle gespielt. Das gilt insbesondere für die so genannten monotheistischen Hochreligionen, also Judentum, Christentum und Islam. Einerseits predigen sie Toleranz und Frieden, Barmherzigkeit und Nächstenliebe, andererseits beanspruchen sie, dass sie jeweils die einzig wahre Religion seien, der sich folgerichtig alle Menschen anzuschließen hätten. Letzteres führt immer wieder zu Religionskriegen und zu Versuchen, die Menschen, die einer anderen Kultur und Religion angehören, zu missionieren. Dabei werden notfalls kriegerische Mittel eingesetzt oder es wird mit Vertretern einer gewaltsamen Kolonisierungs- und Unterdrückungspolitik zusammengearbeitet. In der Summe sind bei weitem die meisten Kriege und gewaltsamen Auseinandersetzungen in der Geschichte der Menschheit aus religiösen Motiven geführt worden. Das wirkt bis heute weiter, sei es in dem viele Jahrzehnte andauernden bewaffneten Konflikt zwischen Protestanten und Katholiken in Nordirland, in der militanten Bewegung des islamischen Djihad, den eine Gruppe von Palästinensern gegen Israel führt, oder in den Kriegen auf dem Balkan zwischen Moslems albanischer und anderer Abstammung und slawischen Gruppierungen, die der serbisch-orthodoxen Kirche angehören.

Animismus, Hinduismus und Buddhismus sind nicht monotheistisch und erheben keinen solchen in sich unlogischen Absolutheits- und Universalitätsanspruch. Hinduismus und Buddhismus werden dabei häufig auch zu den Hochreligionen gerechnet und suchen Anhänger des Animismus zu missionieren. Dieses Überlegenheitsdenken in Begriffen von hoch und niedrig steht ebenfalls quer zu den sonst verkündigten Prinzipien der Toleranz und Menschenliebe. So gesehen, gebührt dem Animismus das Lob, sich solcher Unlogik und Militanz nicht schuldig zu machen. In der heutigen Zeit, in der auch in den Industrieländern viele nach einem neuen Verhältnis zur Natur suchen, ist die Verehrung der Natur und des Lebens im Animismus im Grunde hochaktuell. Aber die Animisten haben häufig die Einschätzung internalisiert, selbst auf einer niedrigeren Stufe zu stehen als die so genannten Hochreligionen. Das hängt freilich damit zusammen, dass in bestimmten kolonisierten Gebieten mit dem Übertritt vor allem zum Christentum und Islam ein sozialer Aufstieg einhergeht.

Die Vertreter der verschiedenen großen Religionen, besonders auch die Theologen, gelegentlich im Konflikt mit den offiziellen Kirchen, arbeiten daran, die praktischen und theoretischen Probleme zu überwinden, die durch den Absolutheitsanspruch und die Missionierungsbestrebungen entstanden sind. Es gibt zahlreiche Ansätze zu interreligiösen Dialogen, bei denen häufig ethische Perspektiven im Vordergrund stehen. Ich möchte hier das »Projekt Weltethos« des in gewisser Weise zum Ketzer abgestempelten katholischen Theologen Hans Küng besonders hervorheben.[31] Er sucht zu zeigen, dass Dialogfähigkeit und Standfestigkeit nicht notwendigerweise Gegensätze sind. Dabei sagt er zu Recht, dass ein Dialog bei den beteiligten Partnern Standpunkte voraussetzt. Der Schritt von dieser Voraussetzung zur Standfestigkeit führt indessen nicht in überzeugender Weise zu einem absoluten oder als allein richtig erklärten »Glaubensstandpunkt«.

Überdies gewahrt Küng »in der Kulturlandschaft dieser Erde [...] *gegenwärtig noch* drei große [...] religiöse Stromsysteme«, nämlich 1. »die Religionen semitischen Ursprungs«, die einen »prophetischen Charakter« haben: Judentum, Christentum und Islam; 2. »die Religionen indischer Herkunft«, die einen »mystischen Charakter« haben: frühe Religion der Upanishaden, Buddhismus und Hinduismus; 3. »die Religionen chinesischer Tradition«, die eine »weisheitliche Ausprägung« zeigen: Konfuzianismus und Daoismus. Das ist eine klare und auf Ausgewogenheit bedachte Übersicht. Sie zeigt jedoch, dass auch Küng keinen Blick für den Animismus hat, den er für überholt anzusehen scheint, der aber nach wie vor in großen Teilen der irdischen Kulturlandschaft anzutreffen ist und dessen Eigenart von Spiritualität (Geisterglaube) und Naturverbundenheit bestimmt wird. Wie jede Form von Absolutheitsanspruch von der Seite der interkulturellen Philosophie aus zu kritisieren ist, gilt dies auch für die Missachtung oder Vernachlässigung des Animismus.[32]

Die afrikanische christliche Theologie nimmt die traditionellen afrikanischen Religionen, die durchweg animistisch sind, seit den Sechzigerjahren sehr wohl ernst, und sie integriert zahlreiche Elemente dieser Religionen in das Christentum. Hervorstechende Beispiele sind Ghana und Südafrika. Der gemeinsame Boden, auf dem christliche Mission und Kolonisation in Afrika (und anderswo in industriell weniger entwickelten Ländern) gewachsen sind, die Art und Weise, wie sie sich wechselseitig gestützt haben, nicht nur in dem Sinn, dass die Erstere immer wieder eine ideologische Rechtfertigung für die Letztere hervorgebracht hat, sind unbestritten.[33] Dennoch erlebt das Christentum in Afrika südlich der Sahara eine ungeahnte Konjunktur. Ähnliches gilt für den Islam in Ländern wie Senegal, Mali, Niger oder den nördlichen Gebieten Nigerias. Im Sudan befindet sich der nördliche islamische Teil mit dem südlichen Teil, in dem überwiegend Christen wohnen, seit langem in einem bürgerkriegsähnlichen Konflikt.

Für viele christliche Theologen in Afrika wird zwar nicht die christliche Missionstätigkeit und ihre theoretische Begründung, wohl aber die christliche Religion von der allgemeinen Kritik am Kolonialismus ausgenommen. In dieser Hinsicht unterscheidet sich die nachkoloniale Situation in Afrika von derjenigen in den arabischen und fernöstlichen Ländern, wo christliche Mission von fundamentalistischen Moslems oder Hindus nicht nur kritisiert, sondern entschieden bekämpft wird. Im subsaharischen Afrika werden den Missionskirchen an vielen Stellen unzählige unabhängige afrikanische christliche Kirchen hinzugefügt. Allein in Südafrika sind es mehr als tausend, und von Ghana sagt die niederländische Theologin Gerrie ter Haar, dass die »Erstaunen erweckende Vielfalt« dieser Kirchen »den individuellen Gläubigen ein breites Band an Wahlmöglichkeiten«[34] bietet. Der südafrikanische Theologe Gerrit Brand, der zur Bevölkerungsgruppe der Buren gehört, versucht, auf der Grundlage stärker historisch argumentierender Beiträge am Beispiel der »Lehre von der Erlösung« eine »Typologie der bestehenden Ansätze« schwarzer oder afrikanischer christlicher Theologie zu entwickeln.[35] Sofern dabei animistische und christliche religiöse Motive nach heutigen Einsichten und Bedürfnissen miteinander verbunden werden, ist ein solcher Ausgangspunkt am ehesten geeignet, im Verhältnis der Religionen zueinander Offenheit und dialogische Wechselbeziehungen zu ermöglichen.

Kunst und Philosophie

Von der Vorreiterrolle der interkulturellen Kunst für die interkulturelle Philosophie war in der Einleitung bereits die Rede. Man kann sagen, dass die Kunst insofern an den Prozessen der Globalisierung beteiligt ist, als die westliche Kunst seit dem Ende des 19. Jahrhunderts zunehmend Anregungen durch die Kunst nichtwestlicher Länder erfahren hat, wobei diese dort traditionellerweise nicht unter dem Namen »Kunst« produziert und gesellschaftlich verwendet worden ist. Bekanntermaßen werden Masken, kleine und große Holzplastiken, Fruchtbarkeitssymbole, Ahnenpfähle und dergleichen in Afrika, Südamerika oder den ozeanischen Gebieten in rituellen Zusammenhängen gebraucht. Besonders beeindruckt bin ich von den gewaltigen

Holzplastiken der Asmat im indonesischen Teil Neuguineas, die zu jedem der jährlich wiederkehrenden religiösen Feste neu hergestellt werden.[36] Wenn es wahr ist, dass die Pyramiden als Grabmäler im alten Ägypten, die aus Stein gemeißelten Statuen der Götter in der griechischen und römischen Antike, die romanische und gotische Architektur christlicher Kirchen im Mittelalter, das Theater und die epische Literatur in der Antike, im England und Spanien der beginnenden Neuzeit sowie in den klassischen Produktionen vieler europäischer Länder und die Musik im Europa der klassischen und romantischen Periode weltweite Höhepunkte darstellen, gilt dasselbe für die Holzschnitzkunst der Asmat und anderer ethnischer Gruppen in den genannten Gebieten bis in unsere Zeit.

Die Kunstproduktion der nichtwestlichen Länder hat sich indessen auf die Interessen und Bedürfnisse westlicher Touristen und Kunsthändler eingestellt. Es kommt zu dem Phänomen der »Airport Art« – das sind Kunstwerke, die in nichtwestlichen Ländern angefertigt und dem Geschmack der westlichen Besucher angepasst werden, sodass Letztere zum Kauf, etwa als Erinnerungsstück, angeregt werden. In den westlichen Museen für Völkerkunde werden viele Ausstellungsstücke nicht mehr als Dokumente des persönlichen und gesellschaftlichen Lebens in anderen Teilen der Welt, sondern als Kunstgegenstände aus anderen Kulturen präsentiert. Der Reichtum asiatischer, ozeanischer und afrikanischer Kunst, der in westlichen Museen vorhanden ist und gezeigt wird, ist unermesslich. Und auf den internationalen Kunstmärkten finden sich immer mehr Kunstwerke aus nichtwestlichen Ländern zu ständig steigenden Preisen. Dabei sind sowohl die quantitative Zunahme als auch die Konzentration auf qualitativ sehr hochwertige Kunstwerke zu beobachten. Die erstgenannte Tendenz zeigt sich etwa in der Tatsache, dass afrikanische Kunst auch in großen Warenhäusern der westlichen Welt angeboten wird. Für die Konzentration auf Qualität nenne ich als Beispiel den Katalog zu der Ausstellung »Ife, Akan und Benin. Westafrikanische Kunst in 2000 Jahren« im Schmuckmuseum Pforzheim, die von der »Stiftung Vergessene Kulturgüter« organisiert worden ist.[37]

Es ist bekannt, dass in der Musik eine Reihe von Musikstilen wie Jazz oder Reggae, bestimmte Richtungen der Popmusik und die Benutzung von Trommeln, die sich auch in der westlichen Welt größter Beliebtheit erfreuen, von Afrika und der afrikanischen Diaspora in Nord-, Mittel- und Südamerika ausgegangen sind. Einerseits gibt es eine scharfe gegenseitige Abgrenzung dieser Stilrichtungen und der klassisch-romantischen sowie der modern-klassischen, wobei Letztere in den westlichen Ländern beheimatet sind und auch in anderen Teilen der Welt, etwa China, Japan oder Südafrika, hoch geschätzt werden. In dieser Hinsicht lassen sich weit verbreitete Gemeinsamkeiten des Geschmacks quer zu den jeweiligen nationalen oder kulturell zu definierenden Zugehörigkeiten (westlich, östlich, afrikanisch, ozeanisch und dergleichen) beobachten. Andererseits öffnen sich die genannten neuen Stilrichtungen und die klassisch bestimmte Musik in letzter Zeit auch füreinander. Das zeigt sich zum Beispiel daran, dass in den Gesangsabteilungen der westlichen Hochschulen für Musik Unterricht für Sänger der Popmusik (»Belting voice«) angeboten wird.

Es ist schwer zu begreifen, dass in der Philosophie die doppelte Bewegung von Globalisierung und Regionalisierung kaum eine Rolle spielt. In der offiziellen westlichen Philosophie, wie sie an den Universitäten betrieben wird, wird auf dieses Geschehen kaum reflektiert. Und in den philosophischen Instituten der Universitäten bestehen große Hindernisse, sich für entsprechende Prozesse zu öffnen. In der westlichen Philosophie herrscht noch immer eine eurozentrische Grundkonzeption vor, die die Philosophie im eigentlichen Sinn auf Europa begrenzt wissen will. Diese Position wird zwar hier und da durchbrochen, aber nicht wirklich überwunden. (Vgl. dazu Kapitel 3) Die philosophischen Aspekte der Ethnologie und die seit dem 19. Jahrhundert bestehende komparative Philosophie mit ihren Möglichkeiten und Grenzen sind in der Einleitung bereits erwähnt worden und sollen im Kapitel 4 genauer betrachtet werden. Es passt zu diesem Bild der Gesamtsituation, dass die verschiedenen Ansätze einer interkulturellen Philosophie, die international bereits zahlreiche wichtige Forschungsergebnisse hervorgebracht haben, in den Curricula der Philosophieausbildung der westlichen und auch der nichtwestlichen Universitäten noch keinen oder einen sehr marginalen Platz gefunden haben. Kapitel 5 bietet eine Übersicht zu diesen Ansätzen. Der tiefere Grund hierfür liegt wohl darin, dass der Philosophiebegriff selbst zur Diskussion gestellt wird, wenn die Denkarbeit, die in anderen Kulturen geleistet wird, von unserem philosophischen Diskurs, der bisher zwischen westlichen Ländern unter Einbeziehung einiger fernöstlicher Länder geführt wird, im vollen Umfang berücksichtigt werden soll. In Kapitel 6 wird ausgeführt, dass dies eine Erweiterung und neue Präzisierung des Philosophiebegriffs notwendig macht und dass die traditionellen Konzeptionen der Philosophiegeschichte, die durchweg europazentrisch sind, neu durchdacht werden müssen.

Man kann immerhin auf die Debatten zur Frage »Universalismus oder Relativismus?« verweisen, in denen allgemeine, für die gesamte Welt gültige mit besonderen, nur für die jeweilige Kultur relevanten Denkweisen und Orientierungen kontrastiert werden. Diese Debatten sind vor allem durch die Erforschung der vielen verschiedenen Kulturen in der Ethnologie oder Kulturanthropologie auf die Tagesordnung wissenschaftlich-philosophischer Erörterung gesetzt worden. Auch wenn in der Ethnologie für die jeweiligen empirisch untersuchten Kulturen nicht deren verschiedene Philosophien thematisiert worden sind, bilden doch die verschiedenen Verhaltensformen und ihre Begründung, die unterschiedlichen Normen und Werte, an denen sich diese Kulturen orientieren, Anlass genug, nach Differenzen und Gemeinsamkeiten zu fragen. Nachdem Franz Boas, einer der Begründer der US-amerikanischen Ethnologie, auf der Grundlage empirischer Feldforschung einen Kulturrelativismus proklamiert hat, der jede Kultur nach ihren eigenen Standards zu verstehen sucht, ist dieser Auffassung durchaus widersprochen worden. Es erscheint notwendig, kulturelle Universalien anzunehmen, um überhaupt die Verstehbarkeit und Vergleichbarkeit verschiedener Kulturen zu ermöglichen.[38]

Die Konzeption, dass für interkulturelles Verstehen beides vorausgesetzt werden müsse: Universales, von den jeweiligen Kulturen Unabhängiges, und Besonderes, nur für diese Spezifisches, wird auch von dem afrikanischen Philosophen Kwasi Wiredu vertreten. Als »cultural universals« nennt er »die drei höchsten Gesetze des Denkens und Verhaltens«, nämlich das logische Prinzip des verbotenen Widerspruchs, das wissenschaftstheoretisch grundlegende der Induktion und das ethische des kategorischen Imperativs.[39] Alle drei verraten jedoch bereits durch ihre Herkunft aus der westlichen philosophischen Tradition ihre kulturelle Bestimmtheit.

Clifford Geertz, einer der US-amerikanischen Ethnologen der zweiten Hälfte des 20. Jahrhunderts, widersetzt sich indessen dem Universalismus als »Anti-Relativismus«.[40] Er sucht einen Zugang zum Verstehen fremder Kulturen, der für diese einen allgemeinen Bezugsrahmen zur Verfügung stellt. Das Verfahren einer »dicken Beschreibung«, durch das er den Sinn der jeweiligen Kultur zu erfassen sucht, ist einerseits den philosophischen

Analysen von Sprachfragmenten entlehnt, wie Gilbert Ryle sie unternommen hat, und andererseits einem zeichentheoretischen Ansatz verpflichtet, der mit Max Weber davon ausgeht, dass »der Mensch in ein selbstgesponnenes Netz von Bedeutungen ausgespannt ist«. Dieses Verfahren, das er ethnographisch nennt, richtet sich auch auf die feinsten Strukturen; es ist »mikroskopisch«.[41]

Eine andere mögliche Lösung des Dilemmas »Universalismus oder Relativismus?« liegt darin, dass man kulturelle Universalien zwar voraussetzt, aber als konkret nicht ausgeformt und dementsprechend nicht benennbar annimmt. Diese Voraussetzung liegt etwa dem Verfahren der Dekonstruktion zugrunde, das von Jacques Derrida praktiziert wird. Jan Hoogland plädiert für einen änigmatischen Universalismus, der von unbekannt und unbenennbar bleibenden Universalien (des Wahren, Guten oder Gerechten) ausgeht, die in den jeweiligen »tatsächlichen Gestalten« enthalten sind und in einer vergleichenden Betrachtung annäherungsweise erschlossen werden können.[42] Das Modell der Sprache kann dies verdeutlichen. Alle Menschen haben Sprache, aber die Sprachen der verschiedenen Völker und Völkergruppen sind jeweils verschieden. Eine Universalsprache, auf die sich die verschiedenen Sprachen beziehen lassen, gibt es nicht. Dennoch ist durch das Erlernen anderer Sprachen und die Übersetzung aus einer Sprache in eine andere zwischen allen Menschen Verständigung möglich. Dann liegt der Akzent freilich auf dem konkret Verschiedenen, in dem es jeweils eine Ausformung des formal Allgemeinen zu erfassen gilt. Letzteres kann und muss inmitten des Verschiedenen oder Besonderen aufgesucht, in immer erneuten Durchgängen anvisiert werden.

3. Kritik des Eurozentrismus der westlichen Philosophie seit der Aufklärung

Bei der begrifflichen Erörterung der Frage nach Universalismus oder Relativismus bleibt außerhalb der Betrachtung, dass gerade auch von Europa und der westlichen Welt aus bestimmte Auffassungen, die unverkennbar von den spezifischen Bedingungen der eigenen Kultur geprägt sind, als universal gültige angesehen und als solche auch den Vertretern anderer Kulturen gegenüber proklamiert worden sind. Dies gilt insbesondere für das westliche Denken seit der Aufklärung. In dieser Periode der europäischen Geistesgeschichte ist die Auffassung Gemeingut, dass die europäische Kultur als der Höhepunkt aller geschichtlichen Entwicklungen auf der gesamten Erde anzusehen sei. Die umfassende Verwendung des Begriffs »Fortschritt« ermöglicht die Konzeption einer Höherentwicklung in allen Teilen der Welt von primitiven Anfängen zu einem Höhepunkt an Zivilisation und Humanität im Europa des 18. Jahrhunderts. Diese Konzeption muss heute als äußerst problematisch gelten, hat aber zum ersten Mal den Gedanken einer »Weltgeschichte« entstehen lassen, die alle besonderen Geschichten der verschiedenen Regionen der Erde und ihrer Kulturen in sich vereinigt. Darin liegt eine wesentliche theoretische Voraussetzung für den in der Gegenwart praktisch sich vollziehenden Prozess der Globalisierung.

Ferner hat diese Konzeption der Kolonisierung großer Teile der Welt von Europa aus Vorschub geleistet. Im Zusammenhang mit dem Kolonisierungsprozess ist das Verhältnis der Kulturen zueinander definitiv eurozentrisch aufgefasst worden. Die Welt bildet eine Einheit, die politisch, wirtschaftlich und kulturell von Europa aus beherrscht wird. Diese Auffassung ist bis in die Gegenwart hinein theoretisch und praktisch wirksam. Auch heute noch werden parlamentarische Demokratie, freie Marktwirtschaft und christliche Religion als universelle Konzepte angesehen, die für die ganze bewohnte Erde gültig seien. Dabei soll nicht verkannt werden, dass diese Konzepte in der Tat auch für die nichteuropäische Welt von großer Bedeutung sind. Aber trotz dieser durchaus bedeutsamen Beiträge Europas für die Welt im Ganzen muss man das Denkmodell mit einem Fragezeichen versehen, das sich – gewissermaßen als Einbahnstraße – von Europa aus auf die übrige Welt richtet.

Um den Eurozentrismus der westlichen Philosophie seit der Aufklärung angemessen erfassen und kritisieren zu können, soll zunächst der darin vorausgesetzte Kulturbegriff durch einen neuen, für die gesamten folgenden Erörterungen grundlegenden Kulturbegriff ersetzt werden. Ferner soll herausgestellt werden, dass unter der Voraussetzung dieses Begriffs von Kultur Philosophie keine ausschließlich europäisch-westliche Angelegenheit ist, sondern – wie die Kunst – in spezifischer Weise zu jeder Kultur gehört. Forschungen zur Entstehung der Philosophie in verschiedenen Regionen der Erde sind ein wichtiger Zwischenschritt zu dieser These, die selbst aber erst mit dem Durchbruch zur interkulturellen Philosophie klar und entschieden formuliert werden kann. Von hier aus ergibt sich die Notwendigkeit einer Kritik des Eurozentrismus der Aufklärungsphilosophie bis hin zu Hegel und einer vorsichtigen Analyse der doppelten Bewegung des Sich-Öffnens und zugleich auch wieder -Verschließens gegenüber anderen Kulturen in der europäisch-westlichen Philosophie nach Hegel.

Ein neuer Kulturbegriff

Unter den Bedingungen eines Denkens, das die Prämissen der Aufklärungsphilosophie, insbesondere die umfassende Verwendung des Fortschrittsbegriffs, nicht mehr anerkennt, ist der Begriff »Kultur« neu zu bestimmen. Es muss als vermessen erscheinen, die eigene Kultur als Nonplusultra der Entwicklung insgesamt aufzufassen. Anstatt von einem Universum auszugehen, das von vornherein alle Kulturen umfasst und in der europäisch-westlichen Welt seinen Höhepunkt und Mittelpunkt hat, möchte ich den Gedanken eines Multiversums der Kulturen einführen, durch den die Vielfalt der Kulturen mit ihren politischen, wirtschaftlichen, gedanklichen und religiösen Strukturen betont wird. Den Ausdruck »Multiversum« übernehme ich von Ernst Bloch, der ihn zuerst 1956 in einem Vortrag über *Differenzierungen im Begriff Fortschritt* gebraucht hat.[43] Dabei ist bemerkenswert, dass dieser Ausdruck bei Bloch nicht nur eine geographische, sondern auch eine zeitliche Dimension hat.

Bei der Neubestimmung des Kulturbegriffs möchte ich jede hierarchische und prinzipiell auf ständige Höherentwicklung angelegte Auffassung von Kultur als Ganzem vermeiden. In ihrem allgemeinsten und grundlegenden Sinn möchte ich unter »Kultur« verstehen: die Bemühung einer Gruppe von Menschen, eine bestimmte Lebensform so zu gestalten, dass sie inmitten anderer Kulturen und inmitten der Natur auf die Dauer Bestand haben kann. Dazu gehört wesentlich die Anerkennung der Anderen innerhalb der eigenen Kultur, aber auch der anderen Kulturen und der zugehörigen natürlichen Lebensräume in ihren eigenen Rechten. Fortschritte und Höherentwicklungen sollen damit nicht ausgeschlossen sein, aber sie sind in ihren jeweiligen Bereichen konkret zu bestimmen und in ihren positiven sowie möglichen negativen Aspekten zu erfassen. Grundsätzlich neige ich dazu, Fortschritte am ehesten im wissenschaftlich-technologischen Bereich anzunehmen und weniger im Bereich der eigentlich menschlichen Fragen, wie es in der Formulierung Theodor W. Adornos zum Ausdruck kommt: Kein universalgeschichtlicher Fortschritt »führt vom Wilden zur Humanität, sehr wohl einer von der Steinschleuder zur Megabombe«[44].

Von dieser Begriffsbestimmung aus kann man sagen, dass alle Kulturen, die heute noch bestehen, gleich alt sind, weil sie sich von den Anfängen der Menschheit an bis heute unter den genannten Bedingungen im Sein erhalten haben. Dass sie gleich alt sind, bedeutet dann zugleich, dass sie jeweils auf ihre Weise die Aufgabe einer Kultur erfüllt haben und insofern gleichberechtigt sind. Im Multiversum der Kulturen kann die eine von der anderen nur etwas übernehmen, sofern beide – oder auch mehrere – von sich aus damit übereinstimmen. Nun stellt sich die Frage, welche Funktion die Philosophie im Kontext des so verstandenen Multiversums der Kulturen haben kann. Zu ihrer Beantwortung ist es im Kontext der westlichen Philosophie ein notwendiger Schritt, die Einstellungen der eigenen Philosophie zu anderen Kulturen und ihren Philosophien kritisch zu hinterfragen.

Philosophie ist keine spezifisch oder gar ausschließlich europäisch-westliche Angelegenheit

Bekanntermaßen ist das Wort »Philosophie« europäisch-westlichen Ursprungs. Die Herkunft von dem griechischen »philosophia« ist leicht ersichtlich. Damit ist indessen nichts über den Ursprung oder die Herkunft der Sache gesagt, die damit gemeint ist.

Zweifellos kann man *einen* Ursprungsort der Philosophie im antiken Griechenland, genauer im Stadtstaat Athen, lokalisieren. Dabei wird man eine zu einfache Herleitung »vom Mythos zum Logos«, wie sie nicht nur in dem Buch von Wilhelm Nestle mit diesem Titel (1940) vorgenommen wird, vermeiden müssen. Einerseits enthalten die Mythen, wie auch die epischen Dichtungen Homers und die Tragödien von Aischylos und Sophokles, in denen sich wichtiges Material zu diesen Mythen findet, sehr viel Philosophisches: eine Deutung der Welt und des Lebens, die um rationale Begründung bemüht ist, gerade auch weil dieses Bemühen in den genannten Zusammenhängen gezwungen ist, seine eigene Begrenztheit zu erkennen. Andererseits enthalten die philosophischen Entwürfe seit Thales und Anaximander zahlreiche mythologische Elemente. Man denke nur daran, dass Parmenides seine Lehre vom Sein von der Göttin Dike empfängt und dass sie es ist, die ihre Autorität einem anderen Prinzip unterordnet, wenn sie dazu auffordert: »Laß allein die Vernunft (den Logos) die Entscheidung fällen«[45], oder daran, wie häufig Platon, etwa in den Dialogen *Phaidros*, *Vom Staat* oder *Timaios*, mythische Bilder und Gleichnisse gebraucht, die nicht in diskursive Erörterungen aufgelöst werden.

Ferner ist es von großer Wichtigkeit, dass der griechische und damit der europäisch-westliche Ursprung der Philosophie weiter zurückreichende Wurzeln hat in den ägyptischen Mysterien und in der hermetischen Weisheit des vorderen Orients, insbesondere in der orphischen Lehre. Die platonische Gleichung »soma = sema« (Leib = Grab)[46], die so folgenreich für die Geschichte des europäisch-westlichen Denkens war und ist, lässt sich ohne die Verwurzelung in der altorphischen Seelenlehre nicht erklären. So reisten u.a. Pythagoras und Platon von Griechenland aus nach Ägypten, um dort religiöse und wissenschaftliche Lehren kennen zu lernen. Das Eigene und Besondere der antik-griechischen Philosophie lässt sich nur adäquat erfassen, wenn man den Zusammenhang mit den Mythen, den Tragödien sowie den afrikanischen und vorderasiatischen Weisheitslehren berücksichtigt. In der neuplatonischen Philosophie ist dann erneut eine starke Wechselwirkung mit orientalischem und ägyptischem Denken, vor allem mit der christlichen und außerchristlichen Gnosis, zu bemerken. Als Exponenten dieser hellenistisch-orientalisch beeinflussten Denkweise seien hier Proklos und Plotin genannt.

Die Fiktion einer zusammenhängenden Tradition der Philosophie von Thales bis zu Hegel, wie sie von Letzterem begründet worden ist, wird sich keineswegs halten lassen. Trotzdem war und ist diese Fiktion sehr folgenreich, und die nachhegelsche europäisch-westliche Philosophie hat im Hinblick auf ihre eigene Geschichte häufig nicht viel anderes getan, als die Linie zu verlängern: bis zu Nietzsche, Heidegger oder Wittgenstein bzw. auch bis zu Habermas oder Rorty. Heidegger hat sich in dieser Sache vielleicht am radikalsten ausgesprochen: »Europäische Philosophie« sei ein Pleonasmus, das europäische Denken sei philosophisch und die Philosophie sei europäisch.[47] Aber auch Nietzsche, der von seinem philosophischen Lehrer Schopenhauer auf die Bedeutung des Buddhismus und der indischen Philosophie hingewiesen worden ist, richtet sich in seiner Auseinandersetzung mit der bisherigen Philosophie ganz auf die europäisch-westliche Tradition, die er freilich als *»christlichen* Platonismus« bezeichnet.

Tatsächlich macht Nietzsche mit dieser Formel zugleich deutlich, dass die christliche Lehre, die ja offensichtlich ihren Ursprung im Vorderen Orient hat, dann jedoch griechisch-hellenistisch und später lateinisch und vom arabischen Aristotelismus aus überformt worden ist, als solche das europäisch-westliche Denken mitbestimmt hat. Hier ist an die griechischen und lateinischen Kirchenväter, an Augustinus und seine Auseinandersetzungen mit dem Neuplatonismus, sowie an den mittelalterlichen Aristotelismus zu erinnern. Luthers reformatorische Unternehmung bestand so gesehen zu einem guten Teil in dem Aufweis originär jüdisch-israelitischen Denkens in den biblischen Texten. Dies ist freilich in der lutherischen Orthodoxie, in erster Linie durch Melanchthon und andere protestantische Humanisten, rasch wieder zurückgenommen worden.

Wenn man auf diese Weise die Verflochtenheit des europäisch-westlichen Denkens mit außereuropäischen Philosophien herausstellt, ergibt sich eine innere Differenzierung des Ersteren. Der Blick wird geschärft nicht nur für die Besonderheiten der angelsächsischen und der kontinentalen europäisch-westlichen Philosophien, sondern auch für die spezifische Prägung der Letzteren in den verschiedenen Ländern des europäischen Kontinents: Die Gebiete mit romanischen Sprachen unterscheiden sich auf charakteristische Weise von denen mit germanischen oder slawischen sprachlichen Traditionen. Und es zeigt sich, dass die Philosophen der Vereinigten Staaten von Amerika eigene Probleme haben, wenn sie sich zur indianischen Vergangenheit ihres Landes und zu den spezifischen Traditionen des Bevölkerungsanteils mit afrikanischer Herkunft in Beziehung setzen wollen.

Die hier vertretene Betrachtungsweise der europäisch-westlichen Philosophie führt weiterhin zu der Frage, welche anderen Gebiete in der Welt neben den genannten außereuropäischen Traditionen eigene philosophische Denkweisen hatten oder haben bzw. wo, wann und wie diese begründet worden sind. Schließlich wird es nicht nur um deutlich erkennbare und zu belegende philosophische Überlieferungen gehen, sondern auch um die Frage, ob nicht zu jeder menschlichen Kultur eine spezifische Form der Philosophie gehört.

Wo, wann und wie entstand Philosophie in den verschiedenen Regionen der Erde?

Bei der Beantwortung der Frage, welche anderen Gebiete in der Welt eine eigene philosophische Tradition haben, werden häufig als erstes China und Indien genannt. Das Fach »Vergleichende Philosophie«, das heutzutage an europäisch-westlichen Universitäten gelehrt wird, richtet sich auf chinesische und indische, kurz »östliche« Philosophie. Der Vergleich zwischen westlichen und östlichen Philosophien in diesem Sinn bildet auch den Forschungsgegenstand eines großen Instituts auf Hawai, einer Inselgruppe, die ja häufig als der östlichste Posten der westlichen Welt betrachtet wird. Auf die besondere Problematik der vergleichenden Philosophie komme ich im nächsten Kapitel ausführlicher zurück.

Einen anderen Ausgangspunkt als den des bloßen Vergleichs oder der möglichen Integration in ein formales Modell wählen die Autoren Ram Adhar Mall und Heinz Hülsmann in ihrem Buch *Die drei Geburtsorte der Philosophie. China, Indien, Europa* (1989). Sie arbeiten daran, dass »unser Philosophieren sich enteuropäisiert«, der Anspruch der Dominanz des europäisch-westlichen Denkens entkräftet wird, indem gleichrangig neben diesem indische und chinesische Philosophien behandelt werden. Dabei suchen sie »darauf zu achten, daß gleichzeitig zu der Schriftkultur die lebendigen Traditionsbestände von Ritual, mündlicher Überlieferung wirksam bleiben«. Und sie sind sich dessen bewusst, dass man neben China, Indien und Europa an andere Teile der Welt, an Afrika, Australien und Südamerika, als mögliche Geburtsorte der Philosophie denken kann. Abgesehen davon, dass diese Aufzählung immer noch unvollständig ist, hätte im Titel des Buches, *Die drei Geburtsorte der Philosophie*, der bestimmte Artikel wegbleiben müssen, wenn die Autoren die erwähnten Hinweise folgerichtig zu Ende gedacht hätten. In späteren Arbeiten hat Mall ausdrücklich eine breitere Perspektive gewählt. So enthält sein in der Einleitung bereits herangezogenes Buch *Philosophie im Vergleich der Kulturen* neben grundsätzlichen Erörterungen zu »Begriff und Inhalt der interkulturellen Philosophie« und eingehenden methodologischen Überlegungen zur »Hermeneutik im interkulturellen Kontext« eine kurze Darstellung »einiger wesentlicher Aspekte der chinesischen, indischen, europäischen« sowie auch der »afrikanischen und lateinamerikanischen Philosophie«.

Für Afrika als Geburtsort der Philosophie kann auf eine lebhafte Auseinandersetzung afrikanischer Philosophen verwiesen werden, die sich, neben den Denkstilen der früheren Kolonialmächte, mehr und mehr ihren eigenen philosophischen Überlieferungen zuwenden. Ich möchte zur Veranschaulichung dieser Tendenz das Projekt der »Sage Philosophy« (Weisheitsphilosophie) des kenianischen Philosophen Henry Odera Oruka und des aus Mali stammenden und lange Zeit im Senegal wirksamen Amadou Hampaté Bâ nennen[48], die Bemühung um die Philosophien der Akan im heutigen Ghana und der Gikuyu im heutigen Kenia durch Kwame Gyekye und Gerald Joseph Wanjohi, die sich weitgehend des Materials der Sprichwörter bedienen[49], sowie die Yoruba-Forschung durch Segun Gbadegesin und Sophie B. Oluwole, die ihre Einsichten vor allem aus der Sprache und der oralen Literatur gewinnen[50]. Das sind indessen nur einige Beispiele, die aus größeren Zusammenhängen herausgegriffen sind. Wichtig erscheint mir, dass hier philosophische Traditionen in den internationalen philosophischen Diskurs eingebracht werden, die sich weitgehend auf primär mündliche Formen der Kommunikation und Überlieferung berufen.

Die eigenständige mittel- und südamerikanische Philosophie, die sich in den letzten Jahrzehnten als »Philosophie der Befreiung« profiliert, aber auf einen vielstimmigen Chor von Beiträgen zurückgeht und sich zunehmend auch »dem Horizont der Volksweisheit des Sich-Befindens« öffnet, wird von Raúl Fornet-Betancourt sachkundig und detalliert dargestellt. Er will damit ausdrücklich in Ergänzung zu Mall und Hülsmann auch von Lateinamerika als »möglichem eigenem Ort der Philosophie sprechen«. Gegen eine lange Zeit der Vorherrschaft europäisch-westlicher philosophischer Strömungen bringt sich nach seiner Darstellung auch die »indianische Stimme« stärker zu Gehör.[51]

Bereits ein Jahr vor dem erwähnten Werk von Mall und Hülsmann ist in der DDR ein Buch erschienen, das von acht Autoren gemeinsam erarbeitet worden ist und in dem die für jenes Werk charakteristische Beschränkung überwunden ist: *Wie und warum entstand Philosophie in verschiedenen Regionen der Erde?*[52] Die Autoren dieses Buches »möchten ihren Beitrag dazu leisten, den Blick zu weiten und die gesamte *Weltkarte der Philosophie* zu betrachten«, auf der dann neben den drei oben genannten, im akademischen Betrieb schon fleißig miteinander verglichenen Philosophien auch diejenigen Japans, des islamischen Bereichs, des subsaharischen Afrika, des präkolonialen Mexiko und der kolonialen und nachkolonialen Perioden Lateinamerikas einen Platz bekommen. In dem Konzept einer möglichst umfassenden »vergleichenden Philosophiegeschichte auf marxistischer Grundlage« soll ausdrücklich die Eigenbedeutung des außereuropäischen Denkens gewürdigt und die »Vielgestaltigkeit bei der Entstehung von philosophischem Denken« herausgestellt werden.

Obwohl im Vorwort dieses Buches betont wird: »Jedes Volk hat mit seiner Geschichte einen Beitrag zum Werden der Welt von heute geleistet«, bleibt die Liste der »verschiedenen Regionen der Erde«, in denen Philosophie entstand und – von den

Voraussetzungen eines marxistischen Philosophiebegriffs aus – entstehen konnte, sehr begrenzt. Vorausgesetzt werden bestimmte »gesellschaftliche Bedingungen«, eine »bestimmte Form von früher Klassengesellschaft« und »die in den jeweiligen Gesellschaften vollzogene Trennung von körperlicher und geistiger Arbeit«. In den hier behandelten Regionen gibt es demgemäß vorphilosophische geschichtliche Perioden, in denen es zwar Religion, aber keine Philosophie oder allenfalls »protophilosophische Elemente unter der Hülle der Religion« gegeben hat. Große Gebiete der Erde bleiben nach dieser Auffassung auf einer solchen protophilosophischen Entwicklungsstufe stehen.

Hier stellt sich die Frage, ob nicht die »Weltkarte der Philosophie« in der Weise ausgeweitet werden müsste, dass sie mit einer Weltkarte der Kulturen identisch ist. Denkt jenes Autorenkollektiv nicht auch von einem europäisch-westlichen Philosophiebegriff aus, der zudem noch an der akademischen Philosophie dieses Weltteils orientiert ist? Eine Beschränkung des Buches liegt ferner darin, dass das Paradigma der Naturevolution auch die Aussagen über die Geschichte der Menschheit bestimmt. Mit dem philosophischen Denken erreicht die Menschheit eine Entwicklungsstufe, die gegenüber den vorausliegenden ein höheres Niveau darstellen soll. Dagegen möchte ich hier die Auffassung verteidigen, dass Philosophie – wie die Kunst – schon in den frühesten Zeiten der Menschheit angetroffen werden kann. Von dieser Auffassung muss man ausgehen, wenn man die These ernst nehmen will, dass zu jeder Kultur eine spezifische Form der Philosophie gehört. Auch von diesem Ausgangspunkt gesehen ist es eine »überaus wichtige, aber ebenso komplizierte Frage«, wie die »Beziehung zwischen Philosophemen und religiösen Bewußtseinsinhalten« zu denken ist. Zwischen beiden ist keine scharfe Trennung möglich, das lehren uns die mittelalterlichen und die heutigen konfessionell gebundenen

Philosophien der europäisch-westlichen Tradition ebenso wie die indische, die afrikanische und andere Philosophien.

Darüber hinaus ist es schwer, von dem genannten Ausgangspunkt aus zu entscheiden, was innerhalb und außerhalb des akademischen Rahmens als »große« oder »echte« Philosophie zu gelten hat. Zweifellos kann dies nicht unter dem Aspekt der Evolution oder des Fortschritts geschehen. Denn die Lehren Laozis oder Zoroasters, die Kodifizierung des Ma'at im ägyptischen Totenbuch oder die Sammlung von Weisheitssprüchen in den Büchern *Proverbia*, *Prediger* und *Hohes Lied* im Alten Testament, die klassischen Philosophien der europäisch-westlichen Tradition eines Platon oder Aristoteles sind gewiss nicht durch Spätere übertroffen worden bzw. als überholt zu betrachten. In diesem Punkt kann ich mich auf den Hegel der ersten Jenaer Jahre (1801/02) berufen, der ganz anders als der spätere evolutionistisch denkende Philosoph nicht Neues bieten, sondern das »älteste Alte« wieder herstellen will. Er formuliert treffend: »Jede [große oder echte] Philosophie ist in sich vollendet, und hat, wie ein ächtes Kunstwerk, die Totalität in sich.«[53] So gesehen, wäre viel gewonnen, wenn im Titel des Buches der acht DDR-Autoren der bestimmte Artikel stünde, den sie gerade nicht verwenden: »Wie und warum entstand Philosophie in *den* verschiedenen Regionen der Erde?«

Die Frage nach dem Warum hat dabei noch ihre eigene Problematik. Sie setzt voraus, dass es außerhalb ihrer selbst liegende Entstehungsgründe der Philosophie gibt, nämlich »bestimmte gesellschaftliche Bedingungen« mit grundlegenden ökonomischen Gegebenheiten (»Trennung von körperlicher und geistiger Arbeit«). Demgegenüber ist meine These in der Auffassung begründet, dass das Philosophieren – wie das Hervorbringen von Kunst – ein eigenständiges, in jeder menschlichen Kultur auf spezifische Weise, freilich nicht notwendig unter dem Begriff

»Philosophie« (oder im Vergleichsfall »Kunst«) anzutreffendes Attribut des Menschseins ist. Damit ist gesagt, dass es auf die Frage nach dem Warum des Entstehens von Philosophie ebenso wenig eine Antwort geben kann wie auf die Frage nach dem Warum des Entstehens der Gattung Mensch. Zugleich ist im Hinblick auf die im Titel des hier besprochenen Werkes nicht gestellte Frage nach dem Wo eindeutig festzustellen: in jeder menschlichen Kultur.

Wenn wir hier die Frage nach dem Wann stellen, ist damit nicht eine Jahreszahl oder eine Periode in der Menschheitsgeschichte gemeint. Die ältesten bisher bekannten Kulturäußerungen von Menschen, die wir als Kunst, und zwar sogleich als »große Kunst«, ansehen müssen, sind mehr als 20 000 Jahre alt, beispielsweise die Felszeichnungen in Namibia oder die Höhlenmalerei in Südfrankreich. Die ältesten schriftlichen Dokumente des Philosophierens, Rig-Veda und Artharva-Veda aus der indischen Überlieferung, sind zwischen 2000 und 1000 v. u. Z. entstanden.[54] Wie weit die Entstehung primär mündlich überlieferter Philosophien zurückreicht, deren Rang den primär schriftlich tradierten im Prinzip nicht nachstehen muss, lässt sich nicht in Jahreszahlen angeben. Dieser Prozess ist meines Erachtens mit der Entstehungsgeschichte menschlicher Kulturen als solcher aufs Engste verbunden.

Schließlich hängt auch die Untersuchung der Frage nach dem Wie des Entstehens von Philosophie – ebenso wie die Erörterung der nicht zu beantwortenden Warum-Frage und die Diskussion des Wo und Wann – mit dem Philosophiebegriff zusammen, der all diesen Fragen zugrunde liegt, darüber hinaus mit der Konzeption einer interkulturellen Philosophie, die diesen Namen wirklich verdient. Die Autoren des hier zur Diskussion stehenden Buches stützen sich auf eine Formulierung des Leipziger Philosophen Helmut Seidel: »Unter Philosophie wollen wir alle Versuche fassen, die darauf aus waren bzw. sind, die Totalität der Welt rational zu erkennen, die Stellung des Menschen in der Welt, seine Tätigkeit und sein Verhalten zu ihr zu begreifen und zu begründen.«[55]

Ich kann von diesem Philosophiebegriff ebenfalls ausgehen, wenn ich ihn zum einen einfacher fasse und zum anderen den darin verwendeten Rationalitätsbegriff einer kritischen Revision unterziehe. Dann wäre zu formulieren, dass als Philosophie jede Deutung der Welt und des menschlichen Lebens gelten soll, die mit dem Anspruch auf rationale Begründbarkeit unternommen wird. Rationale Begründbarkeit steht dabei nicht in erster Linie und vor allem nicht ausschließlich für logische Konsistenz oder argumentative Richtigkeit – diese gehören vielmehr auf selbstverständliche Weise dazu –, sondern für einen Denkzusammenhang, der sich in jeder Hinsicht nur der eigenen Mittel des Denkens bedient. Dass ausdrücklich von einem *Anspruch* auf rationale Begründbarkeit die Rede ist, soll heißen, dass der Philosophierende sich den spezifischen Mitteln des Denkens verpflichtet weiß, aber nicht, dass er davon ausgeht, mit diesen Mitteln jederzeit zu umfassenden Deutungen der Welt und des menschlichen Lebens gelangen zu können. Jener Anspruch und diese Verpflichtung bedeuten indessen wohl, dass der Philosophierende den »Weg des Denkens«, wenn er ihn schon nicht in jedem Fall bis zu Ende gehen kann, in seinen prinzipiellen Möglichkeiten und Begrenzungen zu reflektieren hat. Dabei ist es charakteristisch, dass die Begrenzungen für den »Weg des Denkens« häufig genug, gerade auch in »frühen« Denkzusammenhängen, durch Aporien (Ausweglosigkeiten) markiert werden.

Wenn wir dieses Philosophieverständnis voraussetzen, ist es nicht verwunderlich, dass philosophische Denkzusammenhänge auch in mythischen oder religiösen Erzählungen und literarischen Texten anzutreffen sind. Dabei ist die Festlegung, dass Philosophie sich nur in schriftlichen Dokumenten finden lasse, bereits von Mall und Hülsmann durch ihren Hinweis auf »Rituale« und »mündliche Überlieferungen« aufgegeben bzw. als eurozentrisch erkannt worden. Darüber hinaus kann Philosophisches in Mythisches, Poetisches oder allgemein Künstlerisches und Religiöses eingebettet sein. In frühen Formen und in bestimmten philosophischen Richtungen auch bis heute scheint dies primär der Fall (gewesen) zu sein. Die Entstehungsgeschichte der Philosophie als Philosophie wäre dann die Geschichte der relativen Herauslösung des Philosophischen aus den genannten Kontexten und einer Verselbstständigung, die bis heute als unabgeschlossen und – im Hinblick auf das philosophische Denken mit seinen prinzipiellen Möglichkeiten und Begrenzungen sowie seinen, wie es scheint, unvermeidlichen aporetischen Charakterzügen – als unabschließbar aufzufassen ist.

Der Durchbruch zur interkulturellen Philosophie

Von einer Konzeption der Philosophie aus, die zwar breit angelegt ist und einen eurozentrischen Ausgangspunkt vermeidet, aber im *Hinblick auf andere Kulturen selektiv verfährt*, wobei dann die eigene Philosophie die Auswahlkriterien liefert, ist es noch ein entscheidender Schritt bis zur Konstituierung der interkulturellen Philosophie. Franz M. Wimmer hat in seinem Buch *Interkulturelle Philosophie* wichtige Bausteine einer teils historischen, teils theoretischen Grundlegung dieses neuen Typs von Philosophie beigebracht. Er entscheidet sich bewusst für diesen gemischten und unvollständig bleibenden Grundlegungsversuch. Dabei steht im Vordergrund, dass er »die These von der Notwendigkeit und der Möglichkeit einer interkulturellen Orientierung der Philosophie*historie*«[56] ausarbeiten möchte. Mit der »Reflexion auf die Denkformen« der europäisch-westlichen Tradition, »wie sie *vor* der kolonialistischen Phase unserer Geschichte entwickelt wurden«, will er einen ersten Schritt tun, um »die Deformationen der Blickweisen« offen zu legen, »die ein europazentriertes Superioritätsbewußtsein verursacht oder doch erleichtert haben«.[57]

Alle Unterschiede zwischen Menschen aus verschiedenen Regionen sind nach Wimmers Auffassung insgesamt kulturell bedingt – und nicht etwa durch die Zugehörigkeit zu verschiedenen Rassen erklärbar. Da die letztere Erklärung häufig genug auch von Philosophen vorgebracht worden ist, findet Wimmer es »unumgänglich, die These von der Einzigkeit der Philosophieentwicklung in Europa in den Kontext des Rassismus zu stellen«[58]. Die Einschätzung der Anderen als Barbaren, Exoten und Heiden, die für das europäisch-westliche Denken seit seinen Anfängen bis ins 19. Jahrhundert kennzeichnend ist, lässt die elementare Achtung der Anderen vermissen, die für die interkulturelle Philosophie vorausgesetzt werden muss.[59] Die Darstellung dieses ersten Bandes einer Grundlegung der interkulturellen Philosophie endet mit der Periode des Kolonialismus, in der sich die negativen Einstellungen in der europäisch-westlichen Philosophie zum Denken in anderen Kulturen noch erheblich zuspitzen, bevor im nachkolonialen Zeitalter einer »global sich vereinheitlichenden Kultur« die Konzeption einer interkulturellen Philosophie als etwas prinzipiell Neues auf die Tagesordnung philosophischer Diskussionen gesetzt werden kann.

Es ist freilich unverkennbar, wenn auch im Einzelnen nicht leicht zu sagen, auf welche Weise im nachkolonialen Zeitalter kolonial bestimmtes Denken und politisch-ökonomisches Handeln weiterwirken. Einerseits übernehmen in vielen afrikanischen und anderen ehemals kolonisierten Ländern einzelne mächtige Gruppen (ethnische Gruppen, Clans, Familien) die

Funktionen der früheren Kolonialherren. Andererseits werden von Europa und Nordamerika aus Programme der Entwicklungshilfe konzipiert und ausgeführt, die ohne weiteres davon ausgehen, dass politisch, wirtschaftlich und kulturell in der ganzen Welt westliche Verhältnisse entstehen werden oder entstehen können. Eine genauere Kenntnis der spezifischen Bedingungen anderer Kulturen ist kaum vorhanden und scheint für diese Konzeptionen keine wesentliche Rolle zu spielen. Dies gilt ebenso für den Bereich der Philosophie. Der Typ vernünftigen Argumentierens, wie er in der Tradition der Aufklärung entwickelt worden ist, versteht sich selbst als Modell auch für die interkulturelle philosophische Kommunikation.

Doch zurück zur Argumentationslinie Wimmers und zur Philosophie im Zeitalter des beginnenden Kolonialismus. Der Kolonialismus und die Philosophie der Aufklärung, mit den Systemen des deutschen Idealismus in ihrem Gefolge, gehören eindeutig zusammen. Die Aufklärungsdenker (Voltaire und die Enzyklopädisten in Frankreich, Hume und Locke in England, Lessing und Kant in Deutschland, um nur einige wenige herausragende Namen zu nennen) betrachten – gemäß den allgemeinen Denkvoraussetzungen ihrer Epoche – die eigene Zeit als den Höhepunkt aller geschichtlichen Entwicklung und die eigene Kultur als den zentralen Bezugspunkt für alle anderen Kulturen. Von einfachsten Anfängen entwickelt sich die Geschichte in beständigem Fortschritt bis zu den Höhen der Gegenwart. Dabei wird die Vergangenheit als »dunkel« und die Gegenwart als »erleuchtet« angesehen.

Es scheint ein merkwürdiger Widerspruch zu sein, dass Kant, der Denker der Vernunft und der Freiheit und zugleich einer der Verkünder der Menschenrechte, des Weltbürgertums und des ewigen Friedens, in Bezug auf andere Kulturen offensichtlich rassistische Vorurteile hegt. Dieser Widerspruch wird indessen verständlicher, wenn man bedenkt, dass Vernunft, Freiheit usw. nach Kant auch innerhalb der europäischen Kultur nur den wirtschaftlich selbstständigen männlichen Bürgern zukommen. Zur Verdeutlichung seiner Einstellung zu anderen Kulturen werden hier einige wenige Aussagen über Schwarze und andere nicht weiße Rassen angeführt, die im Prinzip beliebig vermehrt werden können. Diese Aussagen finden sich vor allem in den Manuskripten zu einer Vorlesung über Physische Geographie, die Kant von 1756 bis 1796 regelmäßig gehalten hat, und in einigen kleineren Schriften zum Begriff der Rasse, aber auch in systematisch zentraleren Schriften wie *Beobachtungen über das Gefühl des Schönen und Erhabenen*, *Metaphysik der Sitten*, *Idee zu einer allgemeinen Geschichte in weltbürgerlicher Absicht* und *Zum ewigen Frieden*.

Was Kant über Schwarze sagt, ist äußerst drastisch und übernimmt im Kontext philosophisch-wissenschaftlicher Systematik »zum Teil schier infantile rassische Vorbehalte und Vorurteile«[60]. Der Schwarze sei ein Wilder ohne jede Feinheit der Bildung, und er diene der plastischen Darstellung der »Bösartigkeit der menschlichen Natur«[61]. Der Hautfarbe wird eine geradezu metaphysische Bedeutung zugeschrieben, die »zur Unterscheidung der Menschengattung in sichtbarlich verschiedene Klassen berechtigt«[62]. »Die Menschheit ist in ihrer größten Vollkommenheit in der Race der Weißen. Die gelben Indianer haben schon ein geringeres Talent. Die Neger sind weit tiefer, und am tiefsten steht ein Teil der amerikanischen Völkerschaften.«[63]

Sklaverei findet sich vor allem in Afrika, denn der Schwarze sei am besten als Sklave geeignet. Er ist »nämlich stark, fleischig, gelenk, aber unter der reichlichen Versorgung seines Mutterlandes faul, weichlich und tändelnd«[64]. Seine Faulheit muss deshalb »durch die Regierung und den Zwang gemäßigt«[65] werden. Bei Vergehen muss die Bestrafung drastisch sein; sie »haben eine dicke Haut«, und des gewünschten Effekts wegen ist es notwendig, dass man sie mit »gespaltenen Röhren peitscht«[66]. Sklaverei setzt nach Kant ein Verbrechen voraus; sie ist »eine spezielle Form von Bestrafung für begangene Untaten – ein Mittel der Erziehung«[67].

Man wird sagen müssen, dass Kant auch für seine Zeit und die damals zur Verfügung stehende Literatur besonders schlecht über nichteuropäische Kulturen und deren Bildungsstand informiert war.[68] Dabei hätte er aufgrund der Tatsache, dass er in seiner Schulklasse zeitweise einen schwarzen Mitschüler hatte, direkte Kenntnisse über diese »Rasse« erwerben können. Und er hätte wissen können, dass zwischen 1730 und 1740 an den Universitäten zu Halle, Wittenberg und Jena der Philosoph Amo Guinea-Africanus (aus dem heutigen Ghana) gelehrt und (in lateinischer Sprache, wie es damals üblich war) eine Reihe wichtiger Arbeiten zur Rechtsphilosophie, Anthropologie und philosophischen Methodologie veröffentlicht hat.[69]

Bei Hegel lässt sich zeigen, wie die rassistischen Vorurteile, die er vom Denken der Aufklärung übernimmt, im Zusammenhang des Systems der Vernunft einen Platz bekommen und von diesem aus gerechtfertigt werden. Den Kolonialismus erklärt Hegel aus der wirtschaftlichen Dynamik des frühen Kapitalismus. Nach seiner Analyse der »bürgerlichen Gesellschaft« in den *Grundlinien der Philosophie des Rechts* entwickeln sich darin trotz des allgemeinen Wachstums scharfe Widersprüche, z.B. zwischen Reich und Arm.[70] Um solche Widersprüche überwinden zu können, drängen die europäischen Nationen über ihre Grenzen hinaus zum Meer. (Vgl. § 247) Es kommt zu einer Belebung der Seefahrt und des Handels mit überseeischen Gebieten. Die Kolonien sind nun in derselben Weise Ausdehnungsraum wie das Meer. Dass dort Menschen wohnen, denen das Recht auf ihr eigenes Gebiet bestritten wird, kommt Hegel nicht in den Sinn.

Es geht um Länder mit wichtigen Rohstoffquellen und auch um neue Absatzgebiete. Eine eigene Bedeutung erhalten die kolonisierten Gebiete lediglich, sofern sich dort weiße Siedler dauerhaft niederlassen und auf fremdem Boden ein Stück Europa verwirklichen. Das Musterbeispiel hierfür ist bei Hegel bereits Nordamerika. (Vgl. § 248)

Die eigentlich enthüllenden Passagen finden sich in den *Vorlesungen zur Philosophie der Weltgeschichte*. Im Zuge einleitender Ausführungen erörtert Hegel die »geographischen Grundlagen der Weltgeschichte«. Dabei zeigt sich, dass Asien (mit Ausnahme von Teilen des heutigen China und des indischen Subkontinents) und Afrika (mit Ausnahme Ägyptens und einiger Küstengebiete) schon aus geographischen Gründen nicht zum Schauplatz der Geschichte werden konnten. Da nach Hegels Meinung bei diesen Gebieten ein Übergewicht der »Talebene« bzw. des »Hochlandes« zu konstatieren ist, fehlt ihnen die Spannung einer Landschaft, die in Berg und Tal, Hochland und Flachland gegliedert ist, die vom Naturzusammenhang aus vorausgesetzt werden muss, damit sich dort Geschichte abspielen kann.[71] Und die klimatischen Bedingungen großer Hitze widersprechen der Voraussetzung, dass »die *gemäßigte Zone* das Theater für das Schauspiel der Weltgeschichte«[72] bieten muss. Deshalb können diese Gebiete weltgeschichtlich niemals eine Rolle spielen.

Ein weiterer Grund, warum Afrika nicht an der Weltgeschichte teilhaben kann, ist in Hegels System der Philosophie selbst verankert. Es gibt in Afrika zwar »Familiensittlichkeit« und »Horden«, aber keinen Staat. Geschichte ist für Hegel Geschichte von Staaten. In Afrika herrscht indessen nach seiner Auffassung »das Verhältnis des *Despotismus*; die äußere Gewalt ist selbst *willkührlich*«[73]. Diese Ausführungen zeugen davon, dass Hegel von den politischen Systemen in den afrikanischen Gesellschaften so gut wie keine Kenntnis besitzt. Seine Quellen sind Reiseerzählungen und Berichte christlicher Missionare, unter denen sich ein, besonders für die politischen Verhältnisse, im Grunde damals schon veraltetes Werk von G.A. Cavazzi befindet: *Istoria descrizione dei tre regni Congo, Matamba, Angola*, das 1687 in Bologna erschienen war.

Auch auf anderen Gebieten zeigt sich die groteske Unkenntnis des sonst so gründlichen Philosophen, z.B. wenn er sagt, dass »der König von Dahomey [...] 3333 Frauen« hat. Hier handelt es sich nicht, wie Hegel meint, um ein historisches, sondern wohl um ein aus der spekulativen Vorliebe für die Zahl 3 entstandenes »Missverhältnis«, das »ins Grenzenlose [...] geht«[74]. Mit Blick auf die Religion in Afrika, aber auch die der Eskimos und die chinesische Staatsreligion führt Hegel in seinen *Vorlesungen zur Philosophie der Religion* aus, sie seien »Religionen der [direkten und indirekten] Zauberei«[75]. Dazu gehören magische Praktiken wie der Versuch, »den Naturmächten zu gebieten«, und der Fetischglaube, der sich an äußere Gegenstände heftet, die der Mensch zugleich in seiner Gewalt behält. »An Verehrung Gottes ist hier nicht zu denken, nicht an die Anerkennung des allgemeinen Geistes im Gegensatze zu dem des Individuums.«[76]

Ein entscheidender Punkt ist – ähnlich wie bei Kant – Hegels Beurteilung der Sklaverei. Wie kann es sein, dass von einer Philosophie der »konkreten Freiheit« aus, wie man Hegels politische Philosophie oft genannt hat, die Sklaverei gerechtfertigt wird? Nach Hegel bekundet die angeblich weit verbreitete Sitte, »Menschenfleisch zu essen«, was indessen nicht näher belegt wird, die »vollkommene *Verachtung*« und die »Wertlosigkeit des Menschen« in Afrika. Daraus »erklärt sich, daß in Afrika die *Sklaverei* das Grundverhältnis des Rechts bildet«. In diesem Zusammenhang erscheint es berechtigt, dass sich die Europäer, obwohl die Sklaverei »an und für sich Unrecht ist«, in großem Stil am Sklavenhandel beteiligen.[77] Eine genauere Analyse hat mich zu dem Ergebnis gebracht, dass man diese Einstellung innerhalb der Systematik des hegelschen Denkens nur so erklären kann, dass »die Afrikaner als Menschen in einer Art Zwischenzustand existieren. Einerseits haben sie keinen Staat, keine Religion; sie sind wie die Tiere.« Andererseits wird ihnen »eine Art von Staat« zugestanden und »ihre Religion kennt erste Formen einer geistigen ›Vermittlung‹ durch belebt vorgestellte ›natürliche Gegenstände‹«, das heißt, sie tragen auf gewisse Weise auch menschliche Züge. Letztlich sind es aber für Hegel keine wirklich freien menschlichen Wesen, die von den Europäern zu Sklaven gemacht und als Handelsware verkauft werden.[78]

Vor diesem Hintergrund wird auch Hegels Konzeption der Philosophiegeschichte verständlich, die zwar eine Vorgeschichte in China und Indien, Persien, Babylonien und Kleinasien hat, die indessen als Philosophie allererst mit Thales und Anaximander, Heraklit und Parmenides sowie anderen griechischen Denkern vor Sokrates beginnt. Diese Geschichte entfaltet sich dann im griechisch-römisch beherrschten Mittelmeerraum und gelangt schließlich im Europa nördlich der Alpen zur Vollendung. Demnach ist sie auf die Region Europa begrenzt. Dass die Gebiete, die sich schon von ihren natürlichen Voraussetzungen her nicht als »Theater für das Schauspiel der Weltgeschichte« eignen, keinesfalls als Heimat oder Geburtsort der Philosophie infrage kommen, in der nach seiner Meinung der höchste Gipfel der menschlichen Bildung zum Ausdruck kommt, versteht sich für Hegel von selbst.

Offenheit und Abschottung gegenüber anderen Kulturen in der westlichen Philosophie nach Hegel

Vom Standpunkt der interkulturellen Philosophie aus lässt sich beobachten, dass nach Hegel in der europäisch-westlichen Philosophie eine Verschiebung des Urteils über andere Kulturen stattfindet, die aber nicht konsequent zu Ende geführt wird. Diese eigenartige Bewegungsstruktur soll hier durch einige kurze Hinweise verdeutlicht werden. Arthur Schopenhauer entlehnt die Begriffe des Nichts und des Leidens dem Denken des Buddhismus, um seine pessimistische Weltauffassung artikulieren zu können. In diesem Punkt bleibt ihm Friedrich Nietzsche treu, der sich im Übrigen weitgehend von seinen Auffassungen abgewendet hat. Nietzsche liest die indischen Veden und zitiert aus der *Rigveda*: »Im Herzen sinnend spüren weise Seher/ das alte Band, das Sein und Nichtsein bindet.«[79]

In zahlreichen vergleichenden Betrachtungen des Christentums und des Buddhismus kennzeichnet er jenes als reaktiven, diesen als aktiven Nihilismus. Damit ist gemeint, dass die buddhistische Religion ihre Anhänger auffordert, das Leiden nicht einfach hinzunehmen, sondern dagegen zu kämpfen, um schließlich Heiterkeit, Ruhe und Freiheit von Begierden zu erreichen.

Nietzsches Faszination für die persische Religion und ihren Stifter Zarathustra ist bekannt. Die Gestalt des Zarathustra wird zum Verkünder seiner wichtigsten Lehren, insbesondere in dem Buch, das dessen Namen im Titel trägt: der Lehre vom »Übermenschen« und von der »ewigen Wiederkehr des Gleichen«.[80] Indessen, soweit es die Geschichte der Philosophie betrifft, sieht Nietzsche deren Anfang im antiken Griechenland und nirgendwo anders. Er erkennt zwar an, dass das griechische Denken seine Wurzeln in orientalischen Traditionen hat, wenn er der Einordnung von Zarathustra neben Heraklit, der frühen indischen Denker neben den Eleaten, der ägyptischen neben Empedokles, der chinesischen neben Pythagoras und der jüdischen neben Anaxagoras zustimmt.[81] Aber es waren die Griechen, welche die Philosophie zu dem gemacht haben, was sie ist, im Unterschied zu orientalischen Mythologien. Sie haben die Philosophie ein für alle Mal gerechtfertigt.

Wenn wir eher zeitgenössische Philosophen betrachten, können wir Georges Batailles Analysen zu Hegel und zu Nietzsche sowie zur politisch-ideologischen Situation des aufkommenden Nationalsozialismus heranziehen. Darin wird durch den Hinweis auf die Praxis des Opfers in archaischen Kulturen eine vergessene oder verdrängte Dimension des menschlichen Bewusstseins ins Spiel gebracht. Aber diese Hinweise geraten durch die zeitliche und kulturspezifische Charakteristik des Archaischen in eine rousseausche Perspektive, die sich aus der Umkehrung des Fortschritts zum Besseren begründet.

Offensichtlich sind für Maurice Merleau-Ponty die kulturanthropologischen Forschungen von Marcel Mauss und Claude Lévi-Strauss von großem Interesse, die in bestimmten indianischen Kulturen Nord-, Mittel- und Südamerikas am Beispiel des Schenkens ein anderes mitmenschliches Verhältnis und ein anderes Weltverhältnis aufzeigen. Im Grunde findet er jedoch in diesen Forschungen nur eine Illustration seines Rückgangs auf präreflexive Strukturen des Bewusstseins und des Sich-Verhaltens im Allgemeinen.

Zustimmung verdient Florian Vetschs eingehende Betrachtung von *Martin Heideggers Angang der interkulturellen Auseinandersetzung*. Einerseits will Heidegger die Philosophie strikt auf Europa begrenzt wissen. Innerhalb von Europa hat die deutsche Philosophie die Aufgabe, die Hauptfrage der Philosophie, wie sie von den Griechen in der Zeit vor Sokrates gestellt worden ist, dass »Seiendes ist und ein Seyn west«, wieder freizulegen und neu zu stellen.[82] Andererseits findet er gerade für diese Frage viel Interesse bei japanischen und koreanischen Philosophen, mit denen er darüber Dialoge führt. Und er zeigt eine große Offenheit für die Andersartigkeit des fernöstlichen Denkens, wie es sich in seinen Grundworten artikuliert.[83] Diese doppelte Haltung erklärt sich zum Teil aus Heideggers Terminologie. Was er »Metaphysik« oder auch ganz allgemein »Philosophie« nennt, ereignet sich von Parmenides und Platon bis zu Hegel und Nietzsche. Und von dieser Periode sucht er sich gerade abzusetzen, indem er seine eigene Unternehmung, die *nach* der Philosophie einsetzt, »Denken« nennt. Er bezeichnet seine Dialoge mit japanischen und koreanischen Kollegen demgemäß als »Gespräche von Denkern«. Seine nichtwestlichen Gesprächspartner schließen sich dieser Terminologie allerdings nicht an und nennen sich mit dem griechischen Wort »Philosophen«.

Schließlich sei Jacques Derrida erwähnt. Er zieht eine deutliche Linie vom Logozentrismus der europäisch-westlichen Philosophie (von Platon bis Hegel) und ihrem Phonozentrismus (den er vor allem bei Platon, Rousseau und Hegel nachweist) zum Ethnozentrismus (der nach seiner Auffassung für die »Epoche Rousseaus« charakteristisch ist, die er bis einschließlich Lévi-Strauss dauern lässt).[84] Er stellt eine Affinität fest zwischen Dekolonisierung und Dekonstruktion, und er verweist ebenfalls auf die Sprache, die den Zugang zum Anderen und seinem Denken ermöglicht und reguliert. In diesem Zusammenhang wendet er sich gegen »jede Einsprachigkeit [monolinguisme] und jedes Sprechen in einer Richtung [monologisme]«, die unvermeidlich zu Herrschaftsansprüchen führen.[85] Aber er gelangt nicht zu einer genaueren Ausarbeitung der Kritik des Ethnozentrismus in der europäisch-westlichen Philosophie oder der Affinität zwischen Dekolonisierung und Dekonstruktion. Sein philosophisches Betätigungsfeld bleibt allein die westliche Tradition.

Es soll indessen nicht verkannt werden, dass ohne die immanente Kritik der europäisch-westlichen Philosophie, wie sie von Nietzsche, Heidegger, Derrida u.a. ausgearbeitet worden ist, der Schritt zur interkulturellen Philosophie nicht möglich gewesen wäre. Es war notwendig, die Geschichte der »Metaphysik« von Platon bis Hegel als *eine* Gestalt des Philosophierens zu erfassen, die sich selbst zu Unrecht als *die* Philosophie proklamiert hat. Dies ist geschehen und geschieht noch immer, indem die Absolutheitsansprüche des Denkens innerhalb dieser Geschichte unterminiert werden. Die Bewegung des Kritisierens und Unterminierens kann sich aber – etwa in Derridas Projekt der Dekonstruktion – als notwendige philosophische Arbeit in der Nachgeschichte dieser Metaphysik selbst affirmieren. Nicht diese Bewegung als solche, die für die gegenwärtige Situation der europäisch-westlichen Philosophie charakteristisch ist, wohl aber die damit verbundene Selbstbescheidung des Denkens in seinen prinzipiellen Möglichkeiten und Begrenzungen bewirkt die Offenheit für ein anderes, nicht mehr in diesem Sinne metaphysisch begründetes Denken, das für die europäisch-westliche Geschichte von der Zukunft erwartet werden kann und für das sich in anderen Kulturen spezifische Formen finden lassen.

4. Thematisierung des Denkens in anderen Kulturen in der Ethnologie und vergleichenden Philosophie

Während sich in der Philosophie nach Hegel schrittweise, aber sehr zögerlich eine Öffnung gegenüber anderen Kulturen ergeben hat, bevor schließlich so etwas wie interkulturelle Philosophie möglich wurde, ist in der Ethnologie oder Kulturanthropologie seit etwa 1870 das Denken in anderen Kulturen in der Weise einer empirischen Wissenschaft thematisiert worden. Die anderen Kulturen, denen sich die Ethnologen zuwenden, bezeichnen sie selbst zunächst als »primitiv«, versuchen dann aber, diese Abwertung zu vermeiden und sprechen von »schriftlosen«, »dem zahlenmäßigen und räumlichen Umfang nach kleinen« (small-scale), »gesellschaftlich nicht sehr gegliederten« (unstratified) oder »technologisch einfachen« Kulturen.[86] Dabei gehört es zum Blick der Ethnologen, dass sie das Denken dieser Kulturen nicht als Philosophie wahrnehmen und klassifizieren. Es wird vielmehr in mythologischen und religiösen Kontexten gesehen und erfasst. In der hier folgenden Darstellung der Thematisierung des Denkens in anderen Kulturen in der Ethnologie oder Kulturanthropologie schließe ich mich Valentin Y. Mudimbe an, der für das subsaharische Afrika zeigt, auf welche Weise der kulturanthropologische Diskurs als ein Teil der kolonialen Struktur und deren beginnender Auflösung zu verstehen ist.[87]

Als ein Vorläufer der interkulturellen Philosophie kann die vergleichende oder komparative Philosophie gelten, die bereits zu Wilhelm von Humboldts und Hegels Zeiten mit der »Entdeckung«, Übersetzung und kritischen Würdigung der Bhagavad-Gita und anderer Schriften der älteren indischen philosophischen Literatur beginnt[88] und die sich bis heute vornehmlich der östlichen (indischen, chinesischen, japanischen) Philosophie zuwendet. Die regionale Begrenzung und auch der methodische Unterschied zur interkulturellen Philosophie sind jedoch klar herauszustellen.

Das Denken in anderen Kulturen im kulturanthropologisch-ethnologischen Diskurs

Als der Begründer der Kulturanthropologie, die später zur Selbstkennzeichnung den Namen Ethnologie oder Ethnographie bevorzugt, kann Edward B. Tylor gelten. Sein Buch *Primitive culture. Researches into the development of mythology, philosophy, religion, art and custom* erscheint 1871.[89] Er will nicht etwa behaupten, die »wilden Rassen« hätten in ihrer »primitiven Kultur« Philosophie gekannt oder ausgearbeitet. Er möchte auf den »Ursprung philosophischer Meinung« in den »verachteten Ideen« dieser Menschen hinweisen, deren spätere Entwicklung zu so etwas wie Philosophie geführt hat und deshalb für diese bis heute nicht ohne Bedeutung ist. Auch für Lucien Lévy-Bruhl ist klar, dass das Denken der Menschen mit einer »primitiven Seele« zur Philosophie, insbesondere zur Logik, nicht fähig ist.[90] Mudimbe konstatiert einen »erkenntnistheoretischen Bruch« zwischen »Lévy-Bruhls Kommentaren über das Prälogische [des Denkens der Afrikaner] und Malinowskis Funktionalismus«, in dem mit neuen »begrifflichen Werkzeugen« gearbeitet wird, die nicht mehr abwertend sind, sondern das Spezifische einer jeden Kultur zu erfassen suchen. Die Kulturanthropologie bleibt für ihn jedoch bis hin zu Michel Leiris, Margaret Mead und Carl Sagan von einem doppelten Ethnozentrismus bestimmt: »einem der erkenntnistheoretischen Herleitung und einem des ideologischen Zusammenhangs«. Der Erste lässt sich darauf zurückführen, dass »menschliche Erfahrungen« zum Objekt wissenschaftlicher Beobachtungen gemacht werden, der Zweite ist in wechselnder Weise abhängig von »der Auffassung des Wissenschaftlers vom Bewusstsein, den wissenschaftlichen Modellen seiner Zeit und den kulturellen und sozialen Normen seiner Gesellschaft«. Dies führt in der »kolonialen Erfahrung« zu einem »Diskurs der Macht und des Wissens«.[91]

Nach Lévy-Bruhl verschwindet der Begriff des »Primitiven« mehr und mehr aus dem begrifflichen Instrumentarium der Kulturanthropologie und die eigenen methodischen Ausgangspunkte werden zunehmend kritisch gesehen. Statt von Kulturanthropologie wird von Ethnologie und – noch vorsichtiger – von Ethnographie gesprochen. Aber es bleibt die Schwierigkeit, dass das »Auge des Ethnographen« das des objektiven Beobachters ist, der von außen her beschreibt und den Erlebnishorizont der anderen Kultur nicht wirklich teilen kann.[92] Das lässt sich letztlich auch durch die Methode der »teilnehmenden Beobachtung« bei der »Feldarbeit« des Ethnologen nicht vermeiden.

Im Rahmen dieser Möglichkeiten findet sich eine weitgehende Anerkennung der Besonderheit und Eigenständigkeit der afrikanischen Kulturen, in seinem Fall insbesondere der Dogon (im heutigen Mali), bei dem französischen Ethnologen Marcel Griaule. Er hat in vielen Jahren, in denen er immer wieder längere Perioden in einem Dorf der Dogon gelebt hat (Ogol du Bas), nicht nur die sehr spezifischen astronomischen Kenntnisse dieses Volkes, seine reichhaltigen Mythen, Sitten und Gebräuche sowie »die Systeme der Institutionen und Riten«, sondern auch ein Beispiel seiner philosophischen Auffassungen kennen gelernt und aufgezeichnet. Wenn er auch den Begriff »Philosophie« oder den des »sage«, der (im französisch- und englischsprachigen Afrika) für Philosophen im traditionellen Lebenszusammenhang üblich geworden ist, nicht verwendet, hat er der Sache nach in den »Gesprächen mit Ogotemmêli« dessen philosophische Lehren in einer Art Gesprächsprotokoll festgehalten.[93] In diesem Punkt bildet seine Arbeit eine Ausnahme im kulturanthropologisch-ethnologischen Diskurs, der das Denken als solches und die philosophischen Auffassungen der untersuchten Völker sonst nicht als solche thematisiert.

Derrida sucht zu zeigen, dass der Ethnozentrismus in der Ethnologie, der auch die Blindheit gegenüber der Philosophie der untersuchten Völker bedingt, bis hin zu Claude Lévi-Strauss nicht überwunden wird. Am Beispiel des Kapitels »Schreibstunde« in Lévi-Strauss' Buch *Traurige Tropen* (französische Originalausgabe 1955) macht Derrida deutlich, dass der Ethnologe Lévi-Strauss einen zu engen Begriff der Schrift verwendet, der an der alphabetischen Schrift orientiert ist. Obwohl er von bedeutungsvollen Einritzungen auf den Kalebassen der Nambikwara, eines südamerikanischen Indianervolkes, berichtet, spricht er ihnen die Fähigkeit der (alphabetischen) Schrift ab. Er bleibt damit dem »scheinbaren Paradox« Rousseaus verhaftet: »Mit ein und derselben Geste verachtet man die alphabetische Schrift, serviles Instrument eines gesprochenen Wortes, das seine Fülle und Selbstpräsenz erträumt, und verweigert den nicht-alphabetischen Zeichen die Ehre, überhaupt Schrift zu sein.«[94] So erweist sich, dass das Bemühen von Lévi-Strauss, dem »wilden Denken« (vgl. das gleichnamige Buch) seine eigene Würde und Bedeutung zu geben, nicht durchschlagend ist, sofern es in dem ethnozentrischen Gegensatz von Wildheit und Zivilisation stecken bleibt.

Johannes Fabian, selbst Ethnologe, bringt die methodologische Kalamität seines Fachs auf den Punkt, wenn er zeigt, dass der Andere der anderen Kultur, die Gegenstand dieser Wissenschaft ist, als Anderer auf einer früheren Stufe der menschlichen Evolution angesiedelt wird. Obwohl sich im Einzelnen durchaus Vergleiche zwischen den untersuchten Kulturen und der eigenen Vergangenheit ergeben, ist es ein Fehler, diese Kulturen auf einer früheren Entwicklungsstufe zu fixieren. Letzten Endes ist es das Entwicklungsdenken oder noch allgemeiner das Zeitdenken der Ethnologie, durch das der Andere der anderen Kultur nicht in seiner Verschiedenheit und Gleichrangigkeit erfasst wird.[95] Was bei ihm vor allem nicht gesucht und deshalb auch nicht gefunden wird, ist (wie zu Hegels Zeiten) Philosophie. In zwei willkürlich gewählten Lehrbüchern der »Cultural Anthropology« werden zwar Sprache und Strukturen der Sprache, Religion, besonders auch Kosmologie, Kunst in ihren verschiedenen Formen oder auch das Rechtswesen in eigenen Kapiteln behandelt, aber Philosophie oder philosophische Weisheitslehre (sagacity) werden nicht erwähnt.[96]

Demgegenüber hat Paul Radin, der die von den Ethnologen untersuchten Kulturen noch »primitiv« nennt, ihre Fähigkeit zur Philosophie klar erfasst und eindrucksvolle Beispiele dafür veröffentlicht.[97] Der belgische Missionar Placide Tempels hat die Sprache und Sprachstrukturen der Luba, eines Volkes in Zentralafrika, zum Ausgangspunkt seines Buchs *Bantu Philosophie* (dt. 1956, nicht im Buchhandel erschienene flämische Originalausgabe 1945) gemacht. Kwame Gyekye und Gerald J. Wanjohi haben für die Akan in Ghana und die Gikuyu in Kenia deren Sprichwörter als primäre Quelle ihrer Philosophie herangezogen.[98] Herny Odera Oruka, selbst Sohn eines philosophischen Weisheitslehrers (sage) der Luo, eines Volkes im heutigen Westkenia, und an schwedischen und US-amerikanischen Universitäten ausgebildeter Philosoph, sowie Amadou Hampaté Bâ, Schüler des »sage de Bandiagara«, der Hauptstadt des Dogon-Gebiets, und an französischen Universitäten ausgebildeter Philosoph, haben die Personengruppe der philosophischen Weisheitslehrer in den traditionellen afrikanischen Gemeinschaften als solche herausgestellt und ihre Funktion sowie Beispiele ihrer Lehren bekannt gemacht.[99]

Vergleichende Philosophie mit ihren regionalen und methodischen Grenzen

Wilhelm von Humboldts Abhandlung *Über die unter dem Namen Bhagavad-Gita bekannte Episode des Mahabharata* (1826), die Hegel in den von ihm herausgegebenen *Jahrbüchern für wissenschaftliche Kritik* (1827) ausführlich bespricht[100], markiert den Anfang einer genaueren Kenntnisnahme und Würdigung der indischen Philosophie in der europäisch-westlichen Tradition. Humboldt bezieht sich unter anderem auf die Ausgabe der Bhagavad-Gita in lateinischer Übersetzung von August Wilhelm Schlegel (1823) und benutzt die Auszüge aus den Veden, die in englischer Übersetzung von Henry Thomas Colebrooke in den *Transactions of the Royal Asiatic Society* (1798) herausgegeben worden sind.

Während Humboldt ziemlich unterschiedslos von »indischer Mythologie und Philosophie« spricht und für eine genaue und gründliche Kenntnis jedes einzelnen Textes eintritt, bevor ein Vergleich mit anderen Texten aus demselben inhaltlichen Zusammenhang erfolgen kann, sucht Hegel deutlich zu machen, dass es sich hier um Quellen der Philosophie im Sinn von Vorformen handelt und dass es gilt, »eine Kenntnis von *allgemeiner* indischer Lehre« anzustreben. Die einzelnen Lehrstücke der indischen Philosophie, insbesondere die Yoga-Lehre, erfüllen nach seiner Darstellung nicht die Forderungen, die man an eine systematisch aufgebaute wirkliche Philosophie stellen muss. Humboldts und Schlegels Bemühungen um die Texte bezeugen eine Offenheit gegenüber dem indischen Denken, das sie den deutschen Lesern nahe bringen wollen. Hegel vertieft sich ebenfalls gründlich in die Problemlage, kommt jedoch im Grunde zu einer weitgehenden – wenn auch »versteckten« oder ironisch gebrochenen – Kritik. Das zeigt sich besonders deutlich in seiner Auseinandersetzung mit Colebrookes These, das indische Einheitsdenken bedinge einen Monotheismus. Obgleich »diese Bestimmung nicht unrichtig ist«, kann die indische Religion, weil der Gottesbegriff nicht konkret ist, »eben so sehr der tollste Pantheismus« sein. Sofern aber nach der indischen Lehre das Eine zugleich in Allem ist, und zwar in allen empirischen Dingen, ist dies nach Hegel nicht nur Pantheismus, sondern eine »Allesgötterei«.[101]

Die Erforschung des indischen Denkens und zunehmend auch des chinesischen Denkens, besonders des Daoismus und des Konfuzianismus, führt im 19. und 20. Jahrhundert zu zahlreichen hervorragenden Ergebnissen. Ich nenne nur einige wenige Namen: Paul Deussen, Max Weber, Friedrich Heiler, Walter Otto, Nathan Söderblom, Gerard van der Leeuw, Mircea Eliade, Richard Wilhelm, Gustav Mensching, Helmuth von Glasenapp. Ihre Arbeiten wurden von ihnen selbst nicht in erster Linie als philosophisch oder als Beiträge zur vergleichenden Philosophie, sondern als religionsphilosophisch, -soziologisch, -wissenschaftlich, -phänomenologisch, -historisch klassifiziert. Die vergleichenden Aspekte sind in der Tat nicht von allgemein oder grundsätzlich philosophischer Art. Im europäisch-westlichen philosophischen Diskurs werden sie nicht als Beiträge zur philosophischen Problematik im strikten Sinn zur Kenntnis genommen. Ähnliches gilt für die bahnbrechenden Arbeiten von James Legge zu den Klassikern der chinesischen Philosophie oder von Joseph Needham zur chinesischen Wissenschaftsphilosophie und -geschichte. Der organisatorische Zusammenhang, in dem diese Arbeiten an den westlichen Universitäten stehen, sind dann auch nicht die Institute oder Seminare für Philosophie, sondern speziell religionswissenschaftliche oder -soziologische Institute oder philosophische Lehrstühle in den Abteilungen für Indologie bzw. Sinologie.

Das japanische Denken gelangt erst später in den Blick. Es wird direkter auf Probleme bezogen, die im europäisch-westlichen Sinn als eigentlich philosophisch gelten, und von hier aus kommt es sehr bald zu interkulturell-philosophischen Fragestellungen. Das Besondere dieses fernöstlichen Denkens im Vergleich zur westlichen Tradition der Philosophie wird von japanischer Seite klar formuliert. Auf Kitaro Nishida, Keiji Nishitani und auch auch auf die zusammenfassende Präsentation der Philosophie der Kioto-Schule durch Ryôsuke Ohashi [102] komme ich im nächsten Kapitel ausführlicher zurück.

Wie die japanische wird auch die indische Philosophie seit den Zwanzigerjahren des 20. Jahrhunderts von einheimischen Autoren in einer Weise präsentiert, die weltweite Beachtung und Anerkennung findet. Dafür stehen Namen wie Sri Radakrishnan, Sri Aurobindo, Raymondo Pannikar, Ram Adhar Mall. Indische Philosophen stellen auch vergleichende Studien mit Bezug auf das westliche Denken an.[103] Dasselbe lässt sich von der chinesischen Philosophie sagen, auch wenn Namen wie Wang Gung-Hsing, Lin Yutang, Fung Yu-Lan oder Liu Wu-chi weniger bekannt sind. Vergleiche mit dem Westen, besonders mit Heidegger, finden sich auch hier recht häufig.[104] In der Ära Mao Tsetungs und ihrer Nachgeschichte werden die so genannten philosophischen Auseinandersetzungen, die im Rahmen der sozialistisch-kommunistischen Länder auch international ein breites Echo finden, unter bestimmten politisch-ideologischen Prämissen geführt.[105]

Vergleichende Philosophie kommt innerhalb der europäisch-westlichen Arbeitszusammenhänge nur mühsam in Gang. Wichtige Namen sind Paul O. Ingram, Frederick J. Streng, Robert E. Allinson, Roger T. Ames. Das Institut Philosophy East and West in Honolulu hat mehr als hundert Mitarbeiter. Die Ergebnisse lassen indessen zu wünschen übrig. Die ursprüngliche Idee bei der Institutsgründung 1939, eine Weltphilosophie als Synthese der östlichen und westlichen zu entwickeln, verflacht zu einer Ansammlung von Detailanalysen zur östlichen Philosophie. Und auch die Versuche einer Weltgeschichte der Philosophie können die in sie gesetzten Erwartungen nicht erfüllen.[106] Die Begrenzung auf östliche und westliche Philosophie als Bezugsrahmen der vergleichenden Philosophie wird von den Vertretern dieses Faches auf keine Weise adäquat begründet. Auch das Argument, dass es neben der europäisch-westlichen Tradition keine Texte einer schriftlich überlieferten Philosophie gibt, ist ja keineswegs stichhaltig. Dagegen wäre nicht nur die arabische philosophische Tradition ins Feld zu führen, sondern auch die Geschichte der äthiopischen Philosophie, deren älteste Dokumente immerhin ins 5. Jahrhundert n. Chr. zurückreichen. Außerdem wird am Beispiel der subsaharisch-afrikanischen Philosophie zu sehen sein, dass primär mündlich tradierte philosophische Inhalte den schriftlich fixierten Texten prinzipiell im Rang nicht nachstehen.

Die Methode des Vergleichens philosophischer Inhalte und Traditionen bedeutet ein äußeres Herangehen. Das kann den verschiedenen Inhalten dieser Philosophien nicht gerecht werden. Die Inhalte werden unvermeidlicherweise aufeinander einwirken, wenn sie nebeneinander gestellt werden. Deshalb ist für die interkulturelle Philosophie die Methode – oder besser der Weg – von Dialogen zu bevorzugen. Dazu ist in der Einleitung bereits einiges bemerkt worden. Genauer ist darauf am Beginn des nächsten Kapitels einzugehen.

Eine ausführliche und gründliche Untersuchung zur vergleichenden oder komparativen Philosophie, die auch die methodischen Fragen angeht, hat der belgische Sinologe und Philosoph Ulrich Libbrecht vorgelegt. Im ersten Band seiner Studie stellt er »Ansatz und Entwicklung eines komparativen Modells« vor. Er möchte, ausgehend von chinesischer, indischer und westlicher Philosophie, die grundsätzlichen Wege und Möglichkeiten des Philosophierens formal erfassen. Es handelt sich dabei nicht um ein passives Vergleichen, weil nicht Inhalte und Strukturen des Denkens inventarisiert werden, wie sie an der Oberfläche erkennbar sind, sondern um ein Durchdringen zu den Tiefenstrukturen, die auf charakteristische Weise unterschieden sind und doch zusammengehören. Auf diesem Wege erweisen sich die philosophischen Systeme weithin als intellektueller Ausdruck der Weltreligionen.[107]

Die drei grundsätzlich möglichen philosophischen Systeme sind 1. der westliche Rationalismus, dem 2. der indische Mystizismus gegenübersteht, die beide eine je verschiedene Beziehung zum 3. chinesischen Naturalismus unterhalten. Die beiden ersten Systeme kennen einen Zugang zu einer intelligiblen Welt, der logisch unterbaut oder erfahrungsmäßig erlebt wird, während das dritte für einen konsequenten Immanentismus steht. Wenn es im Westen um eine aktive, auf richtiges Handeln gerichtete Grundkonzeption geht, sind für die indische Tradition Ruhe und Einsamkeit, Leere und Nichthandeln charakteristisch. Die chinesische Philosophie wird demgegenüber durch ein Harmoniestreben gekennzeichnet, das physische und psychische Komponenten miteinander verbindet.[108]

Nun beansprucht Libbrecht zwar nicht, damit schon alle möglichen Weisen des Philosophierens erfasst zu haben. Das vorgestellte Modell gleicht vielmehr einer Schwarz-Weiß-Darstellung, die nur die möglichen Extreme verzeichnet. Dazwischen lassen sich nach seiner Auffassung beliebig viele andere Formen des Philosophierens als verschiedene Grautöne ansiedeln. So behandelt er etwa die indianische Weltanschauung, die dem chinesischen Daoismus und seinem Naturbegriff verwandt ist, und das Denken in Japan und in Irland, die in der östlichen bzw. westlichen Welt einen Kontrapunkt zu Naturalismus und Rationalismus bilden.[109] Freilich lassen sich auf diesem Weg die regionalen und methodischen Grenzen der vergleichenden Philosophie nicht überwinden.

Wenn Libbrecht »eine gleichwertige Herangehensweise aller Kulturen mit einer geschriebenen Geschichte«[110] als Ausgangspunkt wählt, wo bleiben dann die Kulturen, die keine geschriebene, sondern eine primär mündliche Überlieferung kennen? Worauf basiert die Voraussetzung, dass sich auf der Grundlage der chinesischen, indischen und westlichen Philosophie ein Modell entwickeln lässt, das alle anderen Philosophien auf der Erde mitumfasst? Auch die Bevorzugung systematischen Philosophierens ist nicht näher begründet. Daneben gibt es eine große Bandbreite anderer Arten zu philosophieren, die dem Systemdenken gleichwertig sind. Gerade das dialogische Philosophieren ist hier zu nennen, das in der westlichen Tradition sein großes Vorbild in Platon findet, aber auch das aphoristische Philosophieren, das im Westen von keinen Geringeren als Friedrich Nietzsche und dem späteren Ludwig Wittgenstein praktiziert wird, oder auch Theodor W. Adornos Versuche, an die Stelle der Systeme Essays und Modelle zur Erfassung von Konstellationen zu setzen, sowie schließlich eine eher narrative Philosophie, die in der französischen Tradition wichtige Vertreter kennt (Albert Camus, Jean-Paul Sartre, Luce Irigaray, Julia Kristeva) und die für die subsaharisch-afrikanische Philosophie sehr kennzeichnend ist.

5. Ansätze zur Interkulturalität in der Philosophie

Philosophie scheint sich dem »Auge des Ethnographen« weitestgehend zu entziehen, auch wenn er – wie etwa Michel Leiris – ernsthaft darum ringt, eigene, europäisch-westliche Voraussetzungen des Sehens so weit wie möglich außen vor zu lassen.[111] Vergleichende Philosophie geht von einem Philosophiebegriff aus, der sich an primär schriftlichen Formen der Kommunikation und Überlieferung orientiert, der aber auch im Rahmen dieser nicht ausgewiesenen oder eigens begründeten Begrenzung selektiv angelegt ist, sofern er arabische und äthiopische Philosophie nicht einbezieht. Und die Methode des Vergleichens bleibt eine äußerliche Herangehensweise. Der Durchbruch zur interkulturellen Philosophie, der im 3. Kapitel im Kontext des europäisch-westlichen philosophischen Diskurses beschrieben worden ist, lässt sich an dieser Stelle so zusammenfassen, dass 1. nicht nur die Verschränkung des ethnographischen mit dem kolonialen Blick, sondern auch die notwendigerweise objektivierende Blickrichtung des empirischen Beobachtens und Beschreibens überwunden werden und dass 2. die Begrenzung der vergleichenden Philosophie auf Kulturen mit einer geschriebenen Geschichte sowie aufgrund unklarer Auswahlkriterien und die Begrenzung durch die äußerlich bleibende Methode des Vergleichens überschritten werden. Zugleich soll betont werden, dass dieser Durchbruch bisher erst in Ansätzen vollzogen ist.

Philosophie gehört – wie Kunst – zur »conditio humana« und ist in allen Kulturen anzutreffen. Die Philosophien der verschiedenen Kulturen sind (wie diese insgesamt) dem Rang nach gleich und dem Inhalt nach verschieden. Jedenfalls ist keine Höherentwicklung von früheren zu späteren Philosophien und kein grundsätzliches Höher- oder Tieferstehen gleichzeitig nebeneinander bestehender Kulturen und ihrer Philosophien anzunehmen. Es kann nicht darum gehen, die Philosophien verschiedener Kulturen empirisch zu erforschen und zu beschreiben. Sie entziehen sich einer solchen Herangehensweise und würden sich bei ihrer Anwendung womöglich in Nichts auflösen – wie es für einen ähnlichen Zusammenhang das Oberhaupt einer Südsee-Insel konstatiert: »Wenn die Anthropologen kommen, verlassen die Götter die Insel.« Von europäisch-westlicher Seite aus erscheint für den Umgang der Philosophien verschiedener Kulturen miteinander der Weg von Dialogen am angemessensten zu sein, da diese am stärksten Offenheit für den Anderen und Gleichrangigkeit der verschiedenen Partner ermöglichen.

Die Methode oder der Weg interkultureller philosophischer Dialoge

In der Einleitung sind bereits einige Merkmale von Dialogen, insbesondere interkulturellen philosophischen Dialogen genannt worden: 1. Die Dialogpartner sind dem Rang nach gleich, ihre Auffassungen dem Inhalt nach verschieden. 2. Dialoge sind durch Offenheit im Hinblick auf das zu erreichende Ergebnis gekennzeichnet. 3. Die Mittel und Wege, die zum Verständnis führen, sind nicht nur diskursiv-sprachlicher Art. 4. Dialogen liegt die Erwartung zugrunde, dass der Andere mir etwas zu sagen hat, das ich mir auf keine Weise, etwa durch meine Teilhabe an der allgemeinen menschlichen Vernunft, auch selbst hätte sagen können. Diese Merkmale sollen hier in einen etwas weiteren Kontext einbezogen und ergänzt werden.

Nicht nur bei interkulturellen philosophischen Dialogen, sondern bei Dialogen allgemein ist es wichtig, dass die Personen, die am Dialog teilnehmen, im Idealfall leiblich anwesend sind. Dabei findet bereits vorsprachlich vielfacher Austausch statt. Das Antlitz des Dialogpartners qualifiziert ihn als solchen. Wenn jemanden der Blick des Anderen trifft, sind darauf unterschiedliche Antworten möglich. Die Blicke der Dialogpartner können sich positiv begegnen, indifferent bleiben oder sich ausweichen. Außer dem Blickkontakt gibt es eine Reihe anderer multisensorischer Wechselbezüge. Dazu gehören auch die Gestik und der Tonfall, die den sprachlich geführten Dialog begleiten und im Prozess des gegenseitigen Verstehens eine Rolle spielen.

Dialoge kommen nur zustande, wenn für das Thema, um das es geht, ein gewisses Vorverständnis bei den Dialogpartnern vorhanden ist. Man kann es vielleicht auch vorsichtiger so ausdrücken, dass ein vorgeschlagenes Thema bei den Betroffenen eine Resonanz erzeugen muss, die nicht notwendigerweise bereits inhaltlich weitgehend artikuliert zu sein braucht. Ein Dialog unterliegt zwar bestimmten Regeln, ist aber an diese nicht in einem äußerlichen verfahrensmäßigen Sinn gebunden. Es sind eher die Regeln der Höflichkeit, die ein spontanes Agieren und Reagieren nicht ausschließen. Grundsätzlich erkennen sich die Dialogpartner – wie gesagt – gegenseitig als gleichberechtigt an. Sie versammeln sich gewissermaßen um die offene Mitte eines »Zwischen«, das sie verbindet und in ihren Standpunkten auch frei lässt.

Martin Buber hat in seinen Schriften zum dialogischen Prinzip eindringliche Analysen zu diesem Zwischen vorgelegt. Es geht ihm um den Dialog des Ich mit dem Du, der durch eine Instanz zwischen beiden vermittelt wird. Diese Instanz ist unverfügbar und wird von den Beteiligten als Geschenk erfahren.[112] An den interkulturellen Dialogen, die uns hier beschäftigen, werden in der Regel mehrere Personen beteiligt sein. Dementsprechend ist das Zwischen von etwas anderer Art, vielleicht weniger intim und wohl auch weniger intensiv. Ferner sprechen wir bewusst von Dialogen in der Mehrzahl, da interkulturelle Verständigung eine vielfältige und häufig zu wiederholende Anwendung des dialogischen Prinzips erfordert.

Dennoch lässt es sich nicht vermeiden, dass bei Dialogen auch Machtpositionen im Spiel sind, die auf Lebensalter, Energie und Kompetenz der Beteiligten beruhen und die zu dem »zwanglosen Zwang« des besseren Arguments, von dem Aristoteles spricht, hinzutreten. Freilich kann und soll in Dialogen so viel wie möglich argumentiert werden. Aber man muss sich irren können, und man muss beschämt sein können, ohne dass dies zum Abbruch des Dialogs führt. Die Meinung des Einzelnen muss sich nicht vor der Instanz eines herrschenden Diskurses oder gängiger Auffassungen rechtfertigen. »Wer überhaupt etwas meint, meint auch immer etwas Richtiges«, hat Hans-Georg Gadamer einmal gesagt. Das Ergebnis eines Dialogs beruht deshalb nicht auf der überlegenen Position des einen oder anderen der Beteiligten. Es ist auch nicht als »Verschmelzung der Horizonte« der Beteiligten zu charakterisieren, wie es bei Gadamer geschieht.[113] An den platonischen Dialogen kann man ablesen, dass ihr Ergebnis in ihrem Vollzug zur Erscheinung kommt.

Gernot Böhme hat die Dialogform der platonischen Philosophie so beschrieben, dass »philosophische Gedankengänge [...] in einer Gesprächssituation« entwickelt werden, das heißt, »aus den Voraussetzungen heraus, die bei den Gesprächspartnern unterstellt werden oder von ihnen selbst gemacht werden«[114]. Die theoretische Begründung der Dialoge »als Weg der Erkenntnisgewinnung« nennt Platon Dialektik. Diese Methode wird von ihm doppelt charakterisiert: Nach dem Dialog *Politeia* (Vom Staat, 531e 5f.) geht es einerseits um das »lógon didónai«, was am besten mit »Rechenschaft ablegen« übersetzt wird, und andererseits um das »apodéchesthai«, was für ein nicht passiv gemeintes »Rede entgegennehmen« steht. Der »entgegennehmende Teil, in der Regel Sokrates, ist der eigentlich aktive«. Die auch als Mäeutik (Hebammenkunst) bekannte Gesprächsführung von Sokrates beruht darauf, dass er die richtigen Fragen stellt und dass in seinem Entgegennehmen der Antworten ein »Akt der Billigung« liegt, »durch die ein möglicher Konsensus konstituiert wird«.

Nun setzt die Rolle des Sokrates in den platonischen Dialogen eine überlegene Sachkompetenz voraus. Meist besteht ein Lehrer-Schüler-Verhältnis mit dem zugehörigen Autoritäts- und Machtgefälle, das aber ausschließlich auf der größeren Sachkompetenz begründet ist. Sokrates nimmt sich und seine überlegene Position in der Gesprächssituation auch stets wieder zurück, indem er darauf besteht, dass die gewonnenen Erkenntnisse nicht die seinen sind, sondern von den Gesprächspartnern eingebracht werden und an den Vollzug des Dialogs gebunden sind. Diese Erkenntnisse lassen sich nicht auch als Teile eines systematischen Lehrgebäudes darstellen, das die Philosophie Platons enthält. Damit würde man die »trotz aller Strenge immer wieder spürbaren spielerischen und tentativen Züge seiner Philosophie« verkennen.

Die Minimierung der Gewaltverhältnisse, wie sie in philosophischen Dialogen möglich ist und für den interkulturellen Umgang miteinander aus westlicher Sicht am angemessensten erscheint, hat eine unmittelbare politische Konsequenz. Sie enthält die Aufforderung an andere Formen der Kommunikation in der Politik, Wirtschaft, Wissenschaft oder Kunst, diese dialogischer zu machen. Man kann auch sagen, dass Dialoge eine Gegeninstanz zu stärker auf Machtunterschieden beruhenden Kommunikationsformen bilden.

In Dialogen, insbesondere in interkulturellen Dialogen, bleiben Elemente des Nichtverstehens. Ein Dialog ist nur, was er ist, wenn er auch scheitern kann. Wichtig ist der Respekt vor den Auffassungen des Anderen, auch wenn man sie im eigenen Verständnishorizont nicht unterbringen kann. Dieser Respekt beruht auf dem Vertrauen zu dem Partner, der sich der Situation des Dialogs ausgesetzt hat. Freilich ist festzuhalten, dass nur Respekt verdient, wer selbst respektiert. Und es muss klar sein, dass die Kommunikationsform der Dialoge eine Zugangsmöglichkeit zur interkulturellen Philosophie ist, die von europäisch-westlicher Seite aus konzipiert und angeboten wird. Damit ist zugleich gesagt, dass in den Dialogen die Möglichkeit angelegt ist, zu anderen Kommunikationsformen überzugehen, wenn sich diese als angemessener erweisen.

Interkulturelle philosophische Dialoge konstituieren sich, sofern von den Philosophen verschiedener Kulturen gemeinsam interessierende Themen bearbeitet werden. Dabei kann das Interesse an dem Beitrag des Anderen besonders auch darauf beruhen, dass er von seinen Voraussetzungen aus etwas einbringen kann, was im Arsenal der Denkmittel oder -möglichkeiten der eigenen Tradition gerade nicht aufzufinden oder darin verschüttet und in Vergessenheit geraten ist. Es ist unstreitig, dass interkulturelle Philosophie sich als eine Vielzahl solcher Dialoge vollzieht, die dann wieder durch das Wort »Polylog« in der Einzahl bezeichnet werden können. Die Zeitschrift *polylog*, in ihrer gedruckten und in ihrer Internetversion[115], wird diesem Anspruch auf vorbildliche Weise gerecht. Deshalb mache ich bei der Darstellung interkultureller philosophischer Dialoge zwischen westlichen und verschiedenen nichtwestlichen Philosophien unter anderem von dieser Zeitschrift gern Gebrauch.

Die hier folgende Darstellung interkultureller Dialoge schließt sich im Übrigen weitgehend an die Arbeit von verschiedenen Gesellschaften und Institutionen an, die auf diesem Gebiet tätig sind. Zu nennen ist insbesondere die Gesellschaft für interkulturelle Philosophie (GIP) mit Sitz in Köln (gegründet 1990). Mit der Arbeit dieser Gesellschaft eng verbunden ist das Publikationsorgan *Studien zur interkulturellen Philosophie* (hg. von H. Kimmerle und R.A. Mall), in denen Beiträge in deutscher, englischer und französischer Sprache veröffentlicht werden. An der Erasmus Universität Rotterdam gibt es einen Arbeitszusammenhang zur interkulturellen Philosophie, der 1990 mit der Einrichtung eines besonderen (das heißt von einer Stiftung finanzierten) Lehrstuhls für Grundlagen der interkulturellen Philosophie, mit einem Schwerpunkt auf afrikanischer Philosophie, begonnen hat. Und im Institut für Philosophie der Ruhr-Universität Bochum arbeitet Jürgen Hengelbrock, auch in Verbindung mit dem Fachverband Philosophie (für Philosophielehrer an Gymnasien), kontinuierlich an Fragen der interkulturellen Philosophie, insbesondere am Dialog mit afrikanischer Philosophie. Von diesen Gesellschaften und Institutionen ausgehend haben sich zahlreiche individuelle und institutionelle Kontakte und Projekte der Zusammenarbeit mit Philosophen und philosophischen Einrichtungen in anderen Kulturen ergeben.

Dialoge und Auseinandersetzungen westlicher Philosophie mit philosophischen Traditionen in bestimmten anderen Kulturen werden von verschiedenen Universitäten, Institutionen und einzelnen Personen organisiert. Für die Ost-West-Dialoge ist noch einmal das Institut Philosophy East and West in Honolulu zu erwähnen. Auf diesem Gebiet arbeiten auch Robert E. Allinson von der Chinese University of Hong Kong, die School voor Comparatieve Filosofie in Antwerpen und die Stichting Filosofie Oost-West in Utrecht, wobei Letztere seit einigen Jahren auch afrikanische Philosophie in ihr Programm aufgenommen hat. Um afrikanisch-westliche Dialoge bemühen sich die Society for African Philosophy in North America (SAPINA) sowie einige afrikanische Universitäten, besonders in Kinshasa, Addis Abeba, Nairobi, Lagos, Ibadan, Legon-Accra, Abidjan, Dakar und Pretoria. Den Dialogen mit lateinamerikanischer Philosophie widmet sich eine Gruppe um den in Aachen lehrenden Raúl Fornet-Betancourt.

Es versteht sich von selbst, dass diese Aufzählung, die den Erfahrungshintergrund des hier vorliegenden Textes umschreibt, subjektiv eingefärbt ist. Die Reihenfolge der Darstellung – Dialoge mit östlichen Philosophien (Indien, China, Japan), mit islamischer Philosophie, mit latein- bzw. iberoamerikanischer Philosophie, mit afrikanischer und anderen primär mündlich überlieferten Philosophien – sucht der zeitlichen Abfolge nachzugehen, in der diese Philosophien seit der Aufklärung als mögliche Dialogpartner in den Horizont der europäisch-westlichen Philosophie getreten sind. Dabei ist klar, dass innerhalb der westlichen Philosophie bestimmte Positionen als Ausgangspunkte eingenommen werden. Es wären gewiss auch Dialoge über die entsprechenden Themen innerhalb der europäisch-westlichen Philosophie möglich und notwendig. Insofern sind intrakulturelle und interkulturelle philosophische Dialoge miteinander verbunden. Ich möchte indessen an der Besonderheit der interkulturellen Dialoge festhalten, wie sie von europäisch-westlichen Auffassungen aus mit Philosophen bzw. Philosophien anderer Kulturen geführt werden und bei denen – wie oben gezeigt – ein höherer Grad an zu überwindender und bestehen bleibender Fremdheit vorauszusetzen ist.

Dialoge mit östlichen Philosophien (Indien, China, Japan)

Der Buddhismus als religiöse Theorie und Praxis mit deutlichen philosophischen Lehrinhalten ist in Indien entstanden. Als die Lebenszeit seines Stifters, Buddha Siddhârta, auch Gautama genannt, »sind von der europäischen Forschung die Jahre um 560-480 v. Chr. ermittelt worden«[116]. Das muss als der Versuch einer Präzisierung verschiedener Angaben gewertet werden, die in früher Zeit von Anhängern dieser Religion gemacht worden sind. In der Zeit von ca. 250 bis ca. 700 n. Chr. hat sich der Buddhismus nach Indonesien, China, Japan und Tibet ausgedehnt, wo seine Lehren auf je spezifische Weise weiterentwickelt worden sind. Die philosophischen Aspekte des Buddhismus bilden demgemäß für die östlichen Philosophien von Indien, China und Japan, die hier entsprechend der gängigen Forschungspraxis als repräsentativ ausgewählt worden sind, einen gewissen gemeinsamen Nenner, wobei die je spezifischen Weiterentwicklungen freilich nicht vergessen werden. Deshalb soll ein Beitrag des Buddhismus zu einem weltweit, aber gerade auch im Westen aktuellen philosophischen Thema den Anfang der Darstellung von Dialogen mit diesen Philosophien bilden. Ich beziehe mich auf das Thema »Gerechtigkeit« und referiere hier einen Artikel von Sungtaek Cho, Professor für »Religious Studies« an der New York State University in Stony Brook, den er in der Zeitschrift *polylog* veröffentlicht hat.[117]

Cho bezieht sich auf den Mahayana-Buddhismus, der die ursprüngliche Lehre, den Hinayana-Buddhismus, in den ersten drei Jahrhunderten n. Chr. weiterausgearbeitet hat und der dann in China, »oft gerade in Zeiten politischer Instabilität«, eine wichtige Rolle gespielt hat. Die »ureigenste Natur des Buddhismus als ein ontologischer Diskurs, der auf die individuelle Erlösung durch eine innere Transformation zielt«, die schließlich zum Erwachen oder zur Erleuchtung führt, bedingt eine nicht gering einzuschätzende Schwierigkeit für die Ausarbeitung einer sozialen und politischen Philosophie, eine Schwierigkeit, die der Buddhismus freilich mit anderen Erlösungsreligionen teilt. Indessen sieht Cho im Begriff der Selbstlosigkeit, der in der buddhistischen Lehre zentral ist, eine »Basis für eine buddhistische Theorie von sozialer Gerechtigkeit«. Von dieser Basis aus bezieht er die buddhistischen Auffassungen auf das im Westen tonangebende Werk des amerikanischen Philosophen John Rawls: *A Theory of Justice* (1971).

Während Rawls' Theorie, unabhängig von den »moralischen Neigungen in den Individuen«, Gerechtigkeit in den sozialen Institutionen zu verankern sucht, wird »das buddhistische Modell weniger Wert auf soziale Institutionen und mehr Wert auf persönliches Verhalten, vor allem auf persönliche Qualitäten wie Mitleid und Wohlwollen legen«. Für Rawls ist »das Erreichen von sozialer Gerechtigkeit ein Selbstzweck«, für den Buddhismus dagegen »muss letztendlich auch die Frage der sozialen Gerechtigkeit zurück auf den Weg zur Erleuchtung führen«. Das Ideal des Bodhisattvas, das den Buddhisten zu einem »Anwärter auf die Buddhaschaft« macht, bedeutet, dass der Bodhisattva sein eigenes Selbst aufgibt und zum Selbst der ganzen Welt erweitert, um die Last alles Leidens nicht nur der Menschen, sondern aller lebenden Wesen auf sich zu nehmen. Dabei ergibt sich dann eine Übereinstimmung mit Rawls' Theorie. »Genau wie Rawls' Gründerväter gezwungen sind, sich vorzustellen, dass sie möglicherweise *irgendwer* in der Gesellschaft sein könnten, um die Fairness ihrer Gesetze zu gewährleisten, so verlangt die Lehre von der Selbstlosigkeit, dass sich Buddhisten tatsächlich als *jeder* innerhalb der Gesellschaft sehen.« In dieser religiösen Forderung an die Buddhisten liegt nach Cho eine philosophische Erkenntnis, sofern sie »eine solide rationale Basis für das soziale Handeln« bietet.

Damit wird deutlich, dass im Mahayana-Buddhismus in seiner chinesischen Ausprägung Motive liegen, die für heutige philosophische Fragen wichtig sind. Sie können zu Fragestellungen in der westlichen Philosophie ins Verhältnis gesetzt werden, um ein umfassenderes Modell zur Lösung der entsprechenden Fragen zu erarbeiten. Das Motiv der Selbstlosigkeit hat dabei in den östlichen Philosophien ältere Wurzeln als die Aufstellung des Bodhisattva-Ideals im Buddhismus der ersten Jahrhunderte n. Chr. Es reicht zurück in die Periode der Vedas und der Upanishaden in der indischen Philosophie, die für die Zeit von 2500 bis 600 v. Chr. angesetzt wird. Seinen eigentlichen Ursprung muss man wohl in dem Gedanken sehen, dass »brahman« (das Absolute in seiner objektiven Gestalt) zugleich »atman« (das Absolute in seiner subjektiven Gestalt) ist. Diese frühe Form des Einheitsdenkens wird in philosophisch-religiösen Systemen vielfach weiter ausgearbeitet, die von den Upanishaden ausgehen und unter dem Namen »Advaita Vedanta« (Nicht-Zweiheit lehrende Veda-Philosophie) tradiert werden. »Als solche sind sie orthodox-hinduistisch und gehören zu den anerkannten ›darshana's‹ [wörtlich: Betrachtungsweisen], wie auch Yoga und Samkhya.«[118]

Douwe Tiemersma, der den Arbeitszusammenhang der interkulturellen Philosophie in Rotterdam weiterführt, betont die aktuelle Bedeutung der Advaita-Vedanta-Tradition, die mit den Upanishaden sowie der Bhagavadgita und den Brahma- und Vedanta-Sutras (600 v. Chr. - 200 n. Chr.) beginnt und über Gaudapada, Govinda und Shankara (im 8. Jahrhundert n. Chr.), Ramanuja und Madhva (im 12. und 13. Jahrhundert) bis zu Ramakrishna und Ramana Maharshi (im 19. und 20. Jahrhundert) führt. Nach Tiemersma liegt die aktuelle Bedeutung dieser Tradition darin, dass sie in der Situation eines radikalen Relativismus, eines Verlusts an Gewissheit in theoretischen und praktischen Zusammenhängen, wie sie durch Nietzsche oder die französischen Differenzphilosophen markiert wird, einen Weg aufzeigen kann. Dabei geht es neben dem spezifischen Problem der sozialen Gerechtigkeit um eine mystische Erfahrung, in der das Selbst sich zum Selbst all dessen, was lebt, erweitert, sodass das Selbstsein auch das Sein des Anderen umfasst. Diese Auffassungen der hinduistischen Philosophie werden auf den Rotterdamer Advaita-Symposien mit westlichen Konzeptionen von Hume und Kant bis zu Heidegger und Ricœur und der jüdischen Dialog-Philosophie (insbesondere Rosenzweig, Buber und Levinas) ins Gespräch gebracht.[119]

Für eine zusammenfassende deutschsprachige Darstellung der aktuellen Bedeutung des Buddhismus und Hinduismus als Dialogpartner westlicher Philosophie und Religion sind zwei Bücher Ram Adhar Malls zu erwähnen, des Gründers und langjährigen Präsidenten der Gesellschaft für interkulturelle Philosophie: *Buddhismus. Religion der Postmoderne?* (1990) und *Der Hinduismus. Seine Stellung in der Vielfalt der Religionen* (1997) sowie die Studie von Willfred Hartig: *Die Lehre des Buddha und Heidegger. Beiträge zum Ost-West-Dialog des Denkens im 20. Jahrhundert* (1997).

Mit Blick auf China sind die Jahrtausende alten, aber bis heute relevanten Strömungen des Daoismus und des Konfuzianismus zu erörtern. Dabei kann es hier nicht das Ziel sein, diese philosophischen Strömungen in ihrer für China gegebenen Bedeutung zu beschreiben, auch nicht in dem Sinn, dass so Material für Vergleiche oder Dialoge mit westlichem Denken bereitgestellt wird. Das geschieht in anderen Zusammenhängen wie dem der Sinologie und der komparativen Philosophie, deren Wichtigkeit unbestritten ist. Für die interkulturelle philosophische Arbeit ist festzuhalten, was ich in meinem ersten Afrika-Buch vorangestellt habe, dass sie »von allem Anfang an dialogisch zu sein versucht«[120].

In dieser Perspektive ist es indessen wohl bedeutsam, dass klassische Texte der Sinologie und vergleichenden Religionswissenschaft heute in großen Auflagen nachgedruckt werden. Dies gilt zum Beispiel für das Buch von Helmuth von Glasenapp: *Die fünf Weltreligionen*, das erstmals 1963 erschienen ist.[121] Daran wird das große Interesse westlicher Leser an diesem Wissen sichtbar. Die hier zu besprechenden Strömungen des chinesischen Denkens, Daoismus und Konfuzianismus, werden bei von Glasenapp treffend unter dem Begriff des »Chinesischen Universismus« zusammengefasst, der auch die Forderung einer »praktischen Verwirklichung der universellen Harmonie« beinhaltet. Dass in seiner Auswahl der fünf Weltreligionen die frühe Religion der Upanishaden, das Judentum und der Animismus fehlen, lasse ich hier auf sich beruhen.[122] Dagegen ist es wichtig zu betonen, dass im Daoismus und Konfuzianismus philosophische Gesichtspunkte, besonders die einer rationalen Kosmologie und einer politisch verbindlichen Ethik, deutlich im Vordergrund stehen.

Vor allem möchte ich hier den von Robert E. Allinson herausgegebenen Sammelband *Understanding the Chinese Mind* diskutieren, in dem neben Vertretern der Chinese University of Hong Kong, zu denen auch Allinson gehört, maßgebliche US-amerikanische Kenner der chinesischen Philosophie sowie der Direktor des Department of East Asian Studies der Universität von Oslo geschrieben haben.[123]

Allinson definiert Philosophie als »Selbstreflexion einer Kultur«, die das Selbstverständnis (self-understanding) dieser Kultur artikuliert. Von hier aus begründet er die hermeneutisch recht gewagte These, dass es gilt, das Selbstverständnis der einen (nämlich fremden) durch das Selbstverständnis einer anderen (nämlich eigenen) Kultur zu verstehen. Darin sind meines Erachtens zwei Thesen zusammengebracht: 1. Das Verstehen einer anderen Kultur in ihrer Eigenart hat von der Position des Verstehens der Eigenart der eigenen Kultur auszugehen. 2. Philosophen einer bestimmten Kultur, das heißt diejenigen, die das Selbstverständnis dieser Kultur artikulieren, sind am ehesten in der Lage und aufgrund ihrer Tätigkeit prädisponiert, Philosophen einer anderen Kultur, die deren Selbstverständnis artikulieren, zu verstehen.[124]

Eine solche Verstehensbemühung, die unter Philosophen stattfindet, hält er für wesensgemäß »dialogisch«. Ihr Resultat wird durch die Doppelheit von Übereinstimmungen und Unterschieden gekennzeichnet. Die »Unterschiede müssen nicht antithetisch sein; sie können komplementär sein«, wobei de facto das Letztere in der Regel der Fall ist. Das zeigt sich auch in der allgemeinen Charakteristik des westlichen Denkens als »theoretisch« oder »kognitiv ausgerichtet« und des chinesischen als »orientierend« – eine Kennzeichnung, die von Lao Sze-Kwang sehr viel genauer ausgearbeitet und bestätigt wird. Der vorausgesetzten Definition von Philosophie gemäß, die breiter ist als eine ausschließlich auf Wissen gerichtete Unternehmung, können beide Denkweisen in gleicher Weise als philosophisch gelten. Was Allinson nicht in den Blick fasst, sind Fälle des Nichtverstehens, sind Selbstverständnisse einer anderen Kultur, die im Horizont der eigenen auf keine Weise unterzubringen sind.

John E. Smith aus den USA betont dann auch stärker die Grenzen, die das interkulturelle Verstehen überwinden muss. Die Möglichkeit der Vollzugsform des Dialogs für dieses Verstehen sieht er in den intrakulturellen Dialogen begründet, die Philosophen miteinander führen. In diesem Punkt schätzt er die chinesische Philosophie als »bewundernswert gut ausgerüstet«

ein, da ihre eigene philosophische Kultur wesentlich homogener ist als die in sich sehr differenzierte westliche, sodass sie intensivere und durch bessere Feinabstimmung gekennzeichnete (more finely focused) interne Dialoge führen kann. Als Modell hierfür verweist er auf den Dialog, den Mengzi (Menzius) mit Kongzi (Konfuzius) angeht, indem er die Ideen seines Vorgängers als richtig übernimmt, aber die Diskussion durch eine eigene These auch entscheidend weiterbringt. Seine entschiedene Auffassung von dem »ursprünglichen Gutsein der menschlichen Natur« liefert dann wieder für Jahrhunderte neuen Stoff für Diskussionen.[125]

Ein Vergleich des Daoismus mit der Geschichte der westlichen Metaphysik bringt Chung-Ying Cheng von der University of Hawaii ebenfalls zu der Annahme eines komplementären Verhältnisses beider, aber – wie bei Smith – mit Hervorhebung der Vorteile der chinesischen Tradition. Dabei scheint mir die höhere Bewertung der chinesischen Philosophie gegenüber der westlichen auf einer zu pauschalen Beurteilung der Letzteren zu beruhen. Von Parmenides her sieht Cheng die westliche Metaphysik auf die Frage nach dem ontologischen Sein konzentriert, während die chinesische Philosophie in ihrer allgemeinsten Fragestellung auf das kosmologische Werden ausgerichtet ist. Das macht er am Charakter der jeweiligen Sprachen fest, der im Fall des Griechischen (und der übrigen europäischen Sprachen) phonetisch ist und das Hören besonders auszeichnet, im Fall des Chinesischen hingegen eine bildhafte Sprache und das Sehen bevorzugt. Für Europa bedingt dies eine Trennung des Wahrnehmbaren vom Nichtwahrnehmbaren, für China gerade deren Zusammengehörigkeit.

Das Seinsdenken, wie es in Parmenides' Lehrgedicht zum Vorschein kommt (»nur das Seiende ist, das Nichtseiende ist nicht«), vermag das Nichtsein nicht in gleicher Weise zu erfassen. Es wird der Offenheit im Werden letztlich nicht gerecht. Das Denken des »dao« als des »Suchens nach dem Weg«, wie es vom *Yijing (I Ging)* und von Laotzis *Daodejing (Tao te king)* ausgeht, ist ein Denken in Polaritäten (Yin und Yang), das Sein und Nichtsein in der »natürlichen Erfahrung des Wandels und der Transformation der Dinge« am Werk sieht. Das westliche Denken erreicht so einen höheren Abstraktionsgrad, und/aber das chinesische ist nicht nur historisch, sondern auch philosophisch das ursprünglichere, weil es »sich auf die ursprüngliche menschliche Erfahrung des Bestehens und der Welt gründet« und dadurch die Trennung in Natürliches (Wahrnehmbares) und Übernatürliches (Nichtwahrnehmbares) vermeidet. Denn »Metaphysik soll nicht die Wirklichkeit überschreiten, sondern sie umfassen«[126].

Antonius S. Cua von der Catholic University of America in Washington konzentriert sich auf eine systematische Klärung des Begriffs »Li« in der Ethik des Konfuzius. Damit richtet er sich auf das am meisten umstrittene Problem in Konfuzius' Denken. Er betont den komplexen Charakter dieses Begriffs, der nicht auf eine »notwendige Verbindung von [traditionellem] Ritual und Moralität« eingeschränkt werden darf. Das Ritual, das »Gebräuche, Konventionen oder formale Regeln richtigen Verhaltens umfasst«, wobei Letztere um eine subtile Fassung der so genannten Goldenen Regel (Was du nicht willst, das man dir tu, das füg auch keinem andern zu) gruppiert sind, stellt lediglich den »Ausgangspunkt der individuellen Moralität bereit«.[127] Nach dem ideologisch dominierten Streit um Konfuzius in der Ära Maos[128] ist eine differenzierte Betrachtung gerade dieses Begriffs sicher notwendig. Dies betont auch Heiner Roetz in seiner einführenden Konfuzius-Monographie. Bei aller Wichtigkeit, die dem Ritual und der Tradition zukommt, zeigt ein genaueres Studium der von den Schülern des Konfuzius etwa fünfzig Jahre nach dessen Tod (481 v. Chr.) aufgezeichneten *Gespräche (Lunyu)*, dass seine Ethik mehr ist »als die Ideologie der Anpassung, auf die man sie oft reduziert«. Denn das Subjekt dieser Ethik oder die eigentliche Handlungsinstanz »ist die integre moralische Person, die bei aller Bereitschaft zur Integration zugleich um deren Grenzen weiß. Erst die Einheit von Integration und Integrität macht die genuine konfuzianische Ethik aus.«[129]

Bei einer Betrachtung der japanischen Philosophie als Dialogpartner der westlichen läge es nahe, ebenfalls vom Buddhismus auszugehen, der von Indien über China ins Land gekommen ist und der in Japan die besondere Form des Zen-Buddhismus angenommen hat. Das Besondere der japanischen Philosophie im Vergleich zur europäisch-westlichen liegt aber nun gerade darin, dass sie sich einerseits bewusst den westlichen Einflüssen öffnet und andererseits ihre Besonderheit im Hinblick auf diese Einflüsse selbst formuliert. Kitaro Nishida, der Begründer der Kioto-Schule, spricht von einer tiefen »Entzweiung« der japanischen Kultur durch die Europäisierung. Dieser möchte er jedoch nicht begegnen, indem er den Einfluss des westlichen Denkens abschneidet, sondern indem er mit dessen Mitteln eine »Wiederholung« der eigenen Tradition bewerkstelligt. So zielt seine philosophische Arbeit, nach verschiedenen »Kehren«, schließlich auf eine »Auseinandersetzung mit dem Geschehen einer ›Weltenbegegnung‹«.[130]

Rolf Elberfeld hat Nishidas Kulturphilosophie als eine von fernöstlichen Prämissen aus formulierte »Philosophie der Interkulturalität« interpretiert. Dabei spielt buddhistisches Gedankengut eine entscheidende Rolle. Den Ausgangspunkt für diese Philosophie sieht Elberfeld in Nishidas Schriften zur »Logik des Ortes«.[131] Der eigentliche Ort ist im Sinne des Buddhismus der »Ort des absoluten Nichts«; er umfasst den »Ort des Seienden«

und den »des relativen Nichts«. Als solcher ist er der »Ort des lebendigen Geschehens selber«, das der Subjekt-Objekt-Spaltung vorausliegt. Vom subjektiven Erkennen aus gesehen ist es ein »leerer Ort«, der nur der »reinen Erfahrung« zugänglich ist. Sofern der Ort für Nishida auch immer »welthafter Ort« ist, in dem das Eine und das Viele immer schon ineinander übergegangen sind, gibt sich die Nähe seiner Philosophie zu Heideggers Denken zu erkennen. Der individuelle Mensch und auch eine ganze Kultur streben danach, welthaft zu werden. Die je einzelne Welt einer bestimmten Kultur wird Teil der »welthaften Welt« auf dem Weg über eine »selbstverneinende Begegnung«, die dann zur »absoluten Bejahung« der welthaften, das heißt mit anderen vereinigten Kultur führt, welche sie in sich aufgenommen hat. Wenn die einzelnen Kulturen ihre Aufgabe ernst nehmen, »welthafte Kulturen« zu werden, eine Aufgabe, die neben der philosophischen sowohl religiöse als auch politische Dimensionen hat, kann daraus schließlich eine »Weltordnung« entstehen.[132]

Das Besondere der japanischen Situation, im Vergleich zu Indien oder China, zeigt sich nach Ryôsuke Ohashi, der an der Universität von Kioto lehrt, vor allem darin, dass dieses Land einen eigenen Weg in die Moderne gefunden hat. Das ist rein äußerlich an der fortgeschrittenen Technisierung und Industrialisierung Japans abzulesen. Ohashi untersucht die Frage »nach dem ethisch-kulturellen Boden, auf dem diese Moderne wachsen konnte«[133]. Wenn er hierfür nicht zuletzt auf den »Art Way (dô)« verweist, zeigt sich die Nähe der japanischen Tradition zum Daoismus.[134] Dass in diesen intra- und interkulturellen Kontext auch Heidegger gehört, ist nicht nur durch das Interesse Ohashis und vieler anderer japanischer und koreanischer Philosophen an Heideggers Denken dokumentiert, sondern auch durch die Anweisung dieses westlichen Denkers für die Gesamtausgabe seiner Schriften: »Wege, nicht Werke!«

Den Weg oder die Wege japanischer Kunst findet man zu einem entscheidenden Teil im Theater, von dessen Geschichte das Kabuki-Theater und das Nô-Theater weithin bekannt geworden sind. Ohashi bezieht sich in einem Artikel über den »Art Way« auf eine spezifische Art des Theaters, dessen ontologischer Status wichtige Hinweise auf den Charakter der japanischen Modernität enthält. Ohashi erwähnt Chikamatsu Monzaemons (1653-1724), der Texte für eine bestimmte Art des Puppentheaters geschrieben und sich auch zur Theorie dieses Typus von Theater geäußert hat. Es heißt »Ningyô Jôruri« und wird mit Puppen gespielt, die keinen Körper (kein Fleisch) haben, sondern nur eine umhüllende Haut (skin membrane). Wenn sie vom Puppenspieler in Bewegung versetzt werden, scheinen sie, die so wenig Wirklichkeitsbasis besitzen, »wirklicher als wirkliche Menschen« zu sein. So entsteht ein Zwischenraum oder eine Zwischensphäre (interspace) zwischen Wirklichem und Nichtwirklichem.[135]

Ohashi zieht nun eine Linie von Chikamatsu und dem wesentlich älteren, in der japanischen Tradition bekannten Nô-Schauspieler und -Theoretiker Zeami (1364-1443), der auch bereits von der Dichtheit der spezifischen Wirklichkeit des Theaters gesprochen hat, zu Lao Tse und zum Zen-Buddhismus. Lao Tse und die Zen-Meister stellen den Menschen und die Intensität seiner inneren Welt in Beziehung zur Erde, zum Himmel und zur Natur im Ganzen. Die Erfahrungen bei den Meditationsübungen der Zen-Buddhisten werden mit dem Zustand einer Landschaft verglichen. In diesem Sinn hat schon der Zen-Meister Dôgen (1200-1253) in Berg und Wasser die Anwesenheit des Weges von Buddha selbst gesehen. Das führt Ohashi schließlich zu der Schlussfolgerung: »Vielleicht eröffnet die Lehre vom Weg der Kunst im mittelalterlichen und modernen Japan eine Perspektive auf die moderne Welt. In dieser Welt des technischen Fortschritts scheint die Natur auf dem Rückzug zu sein. Aber als Weg der Kunst könnte Natur auch in dieser modernen Welt weiterhin existieren.« Diesen Beitrag einer nichtwestlichen Modernität, welcher der westlichen Modernität möglicherweise den Weg aus einer ihrer Krisen aufzeigen kann, sieht Ohashi in der Nachbarschaft zur westlichen, von Martin Seel entwickelten »Ästhetik der Natur«[136].

Dialoge mit islamischer Philosophie

Im Islam sind die Ansprüche des Monotheismus und des Besitzes der alleinigen oder letztgültigen Wahrheit, die er mit dem Judentum und dem Christentum teilt, sowie die theoretischen Schwierigkeiten, die sich daraus ergeben, auf die Spitze getrieben. Er positioniert sich nach Judentum und Christentum und sucht deren wahre und konsequente Aspekte in sich aufzunehmen und deren Propheten, einschließlich Jesus Christus, als Vorläufer Mohammeds zu integrieren. Widersprüchliches und mit den Prinzipien des einen gerechten und gütigen Gottes nicht zu vereinbarende Aspekte dagegen schließt er aus. Gegenüber dem Buddhismus und Hinduismus bedeutet dieses Selbstverständnis, die letzte, höchste und darum in gesteigertem Sinn allein wahre Religion zu sein, dass ihnen vorgeworfen wird, keinen konsequenten Monotheismus zu vertreten, sondern im Gegenteil eine Vielzahl von Göttern und göttlichen oder halbgöttlichen Wesen anzuerkennen. Den Animismus nimmt der Islam noch weniger ernst, als dies jüdische oder christliche Theologen tun und als dies im Streben des Hinduismus und Buddhismus zum Ausdruck kommt, in animistische Gebiete zu expandieren.

Kann man in diesen Ansprüchen des Islam eine Voraussetzung erblicken, dass Anhänger dieser Religion eher und stärker zum Fanatismus neigen als die Gläubigen anderer Religionen, denen diese Haltung gewiss auch nicht fremd ist? Oder lässt sich aus diesem Selbstverständnis des Islam ein stärkerer Impuls zur geistig-geistlichen Fundierung des weltlichen und insbesondere des politischen Handelns herleiten, der dieses Handeln gerade in seiner Vorläufigkeit belässt und ihm damit jeden Anspruch auf Absolutheit nimmt?

Ein eindeutiges und gut untermauertes Plädoyer für eine positive Antwort auf die zweite Frage findet sich in einem Buch des Obersten Richters des Hohen Gerichts (High Court) von Ägypten, Muhammad Saïd al-Ashmawy.[137] Dieses Buch über den Islam und die politische Sphäre beginnt mit dem Satz: »Gott wollte, dass der Islam eine Religion ist, aber die Menschen haben versucht, ihn ins Politische zu wenden.« In den weiteren Ausführungen wird dann gezeigt, dass in der politischen Sphäre eine liberale, demokratische Staatsform durchaus mit den Grundaussagen des Korans zu vereinbaren ist. Sie können als eine Aufforderung an die Menschen gelesen werden, ihre eigene Verantwortung auf sich zu nehmen und ihrer Freiheit auch politisch Gestalt zu verleihen. Dabei werden alle Bemühungen als Blasphemie und Gotteslästerung abgetan, die bestimmten politischen Positionen und Handlungen eine religiöse Weihe verschaffen. Insoweit wendet sich al-Ashmawy im Namen des Islam gegen die Islamisten und ihren politischen Fundamentalismus. Im weiteren Horizont der allgemeinen kulturellen und auch der spirituellen und religiösen Voraussetzungen des menschlichen Handelns versteht er indessen gerade die Freiheit des Menschen als von Gott gewollt, als Ausdruck der göttlichen Allmacht und Liebe. Damit plädiert sein Text für einen »authentischen, das ist vernünftigen und spirituellen Fundamentalismus«, der auch im Kontext europäisch-westlicher Philosophie als Position eines Dialogpartners wichtig und interessant ist.

Mit diesen Gedankengängen schließt al-Ashmawy an eine Tradition des Austauschs zwischen europäisch-westlicher und arabisch-islamischer Philosophie an, die ihre Vorgeschichte in der Zeit vor der europäischen Aufklärung mit ihren radikal ethnozentrischen Auffassungen zur Geschichte und Philosophie hat. Ich verweise nur auf den Astronomen und Kosmologen al-Bumazar (805-885), den Logiker al-Farabi (gest. 950) sowie die Aristoteles-Kommentatoren Avicenna (Ibn Sina, 980-1037) und Averroes (Ibn Rushd, 1126-1198), die großen Einfluss auf die mittelalterliche christliche Theologie und Philosophie, insbesondere auf Albertus Magnus, Thomas von Aquin und Roger Bacon, ausgeübt haben. Bertrand Russell widmet in seinem umfassend angelegten Werk über die Geschichte der westlichen Philosophie der mittelalterlichen »Mohammedan Culture and Philosophy« ein eigenes Kapitel.[138]

Es kann kein Zweifel darüber bestehen, dass philosophische Probleme, etwa das der Gerechtigkeit, im Kontext des Islam strenger und ausschließlicher vom Offenbarungsdokument dieser Religion aus durchdacht und beurteilt werden als in jeder anderen Religion. Wie islamisches Recht in seiner letzten Begründung Gottesrecht ist, ist Gerechtigkeit im Islam letztlich die Gerechtigkeit Allahs. Daraus sind alle anderen Überlegungen, welche die menschliche Welt betreffen, abzuleiten. Die konkreten Formen, die sich aus dieser Grundvoraussetzung in der Geschichte ergeben haben, und die entsprechenden theoretischen Überlegungen kann man aber auch im Kontext der islamischen Philosophie durchaus kritisch sehen. Nasr Hamid Abu Zayd, ein ägyptischer Sprach- und Islamwissenschaftler, sucht die konkreten geschichtlichen Erscheinungsformen an eine genaue und hermeneutisch verantwortbare Lektüre des Korans zurückzubinden. Er nennt dies »Rekontextualisierung« der Koran-Lektüre und wendet sich von hier aus gegen autoritäre, äußerlich auferlegte Interpretationen. Dabei wird nicht übersehen, dass »selbst heute, da der Koran ein gedruckter Text ist«, der jedermann zugänglich ist, »die Rezitation des Korans eine sehr wichtige Praxis in der Gemeinschaft wie im individuellen Leben ist«. Und die Gesamtheit der Koranwissenschaften wird einer kritischen Würdigung unterzogen.[139]

Die göttliche Gerechtigkeit schließt nach der Meinung Abu Zayds ein, dass auch Atheisten und Polytheisten in einer muslimischen Gemeinschaft gerecht behandelt werden müssen. Denn die göttliche Gerechtigkeit lässt »keine Ungerechtigkeit im ganzen Universum« zu. Gerechtigkeit ist »ein allumgreifendes oder sogar kosmologisches Gebot«. Für die menschlichen Verhältnisse als solche widerlegt Abu Zayd, dass die Mehrehe, die untergeordnete Stellung der Frauen, die Intoleranz gegenüber Nicht-Muslimen und die Ablehnung der Religionsfreiheit, die zur Gerechtigkeit im Widerspruch stehen, aus dem Koran zu rechtfertigen sind. Was der Koran über die Mehrehe sagt, bezieht sich auf die Situation von Waisen, die Schutz und Fürsorge der verbleibenden Frauen in der Familie erhalten, wenn sie einen oder beide Elternteile verloren haben. Dies geht auf die Schlacht bei Uhud (625 n. Chr) zurück, »als die Muslime ernsthaft geschlagen und zehn Prozent ihres Heeres – insgesamt 700 Krieger – getötet wurden, die ihre Kinder hinterließen«. Auch die »Stellung der Frauen, wie sie im Koran ausgedrückt wird«, wenn man die entsprechenden Passagen rekontextualisiert, »ist im allgemeinen, relativ und historisch gesprochen, fortschrittlich« und entspricht dem Prinzip der Gleichheit, das dem der Gerechtigkeit inhärent ist. Da der Islam in allen heiligen Schriften und bei allen Propheten, wenn auch vor Mohammed in vorläufiger und noch widersprüchlicher Weise, geoffenbart worden ist, spielt es, sofern der Glaube an einen Gott und an das Jenseits darin enthalten ist, »keine Rolle, ob der Glaubende ein Jude, ein Christ, ein Sabäer ist oder irgendeiner anderen Religion angehört«.

Besonders der Begriff des Jihad wird nach Abu Zayd entkontextualisiert, sofern daraus eine »verbindliche religiöse Pflicht« zur kriegerischen Ausbreitung des Islam abgeleitet wird. Die berühmte Passage des Korans (2:190-193) muss im Ganzen gelesen und im Kontext des Verhaltens des Propheten interpretiert werden, der seinen Feinden verzeiht und dafür betet, dass Gott ihnen vergebe. Der Tenor der genannten Passage erweist sich dann als Aufruf zur Verteidigung und Vergeltung, bei denen das Maß nicht überschritten werden darf.

Bei der ökonomischen Gerechtigkeit stehen das Gebot, Almosen zu geben, und das Verbot, Geld gegen Zinsen zu verleihen, im Vordergrund. Dass das Verhalten islamischer Banken, entgegen anders lautenden Beteuerungen, in diesem Punkt »identisch mit dem Handel innerhalb des bestehenden Bankensystems« ist, lässt sich nach Abu Zayd rechtfertigen, weil die Ausleger der entsprechenden Stellen im Koran »die Natur und die Umstände ignorierten, unter denen der Wucher verboten wurde«.[140]

Abschließend verweist Abu Zayd darauf, dass die rationalen muslimischen Theologen, die »Mu'tazila«, die feste Haltung Gottes im Hinblick auf Fragen der Gerechtigkeit unter den fünf Hauptprinzipien des Islam nach dem der göttlichen Einheit an zweiter Stelle nennen. Wenn man dies mit dem Gedanken der Sufis zusammennimmt, die eine eher mystische Theologie vertreten und glauben, dass der Mensch nach dem Bild Gottes geschaffen ist, hat sein Handeln auch das Urbild der göttlichen Gerechtigkeit widerzuspiegeln. Es geht im Endeffekt darum, in allem das richtige Maß zu finden oder das Ungleichgewicht, das durch die Sünde in die Welt gekommen ist, mit Gottes Hilfe wieder aufzuheben.[141]

Das Verfahren der Rekontextualisierung, wie Abu Zayd es anwendet, kann bestimmte Auslegungen des Korans, die zu teilweise sehr rigiden Gebräuchen und Handlungsrechtfertigungen in islamischen Gemeinschaften führen, etwa in Hinsicht auf die Mehrehe und die Stellung der Frau oder auch den Jihad, nach meiner Auffassung nicht in überzeugender Weise entkräften. Es gelingt mir nicht, ein konsistentes Verständnis seiner Argumentation im Rahmen der gegenwärtigen Theorie und Praxis des Islam zu gewinnen. Dennoch muss ich und will ich diese Argumente von ihrem internen Zusammenhang aus respektieren. Umso mehr freue ich mich, hier auch einen Text besprechen zu können, in dem der scheinbar überzogene Anspruch des Islam auf alleinigen Besitz der Wahrheit und die Prinzipien der Toleranz und des Dialogs in philosophisch schlüssiger Weise miteinander vermittelt sind. Es handelt sich um einen Artikel von Yasin Ceylan, einem türkischen Philosophen kurdischer Abstammung, den er für eine Konferenz an der Erasmus Universität Rotterdam im November 1997 geschrieben hat.[142]

Der Prozess der Globalisierung hat für Ceylan den ironischen Aspekt, dass in Verbindung damit eine säkulare Weltanschauung, die sich um eine »friedliche Koexistenz verschiedener Gesellschaften in verschiedenen Teilen der Welt« bemüht, als eine Art »neuer Religion« auftritt, die »alle anderen [traditionellen] Religionen zu eliminieren versucht«. Dem können und sollen die traditionellen Religionen das Streben entgegensetzen, die bestehenden Verschiedenheiten zu akzeptieren, eine Atmosphäre der Toleranz zwischen ihnen zu befördern und darauf zu verzichten, ihre jeweilige Religion auf andere auszudehnen. Sie bilden damit ein notwendiges Gegengewicht zur Globalisierung und Universalisierung, eine Tendenz zur Partikularisierung oder Regionalisierung.

Die Notwendigkeit der Partikularisierung beruht auf der Einsicht, dass die absolute Wahrheit der Religionen und Weltanschauungen von Menschen immer nur partiell und nie von irgendjemand vollständig erkannt werden kann. Dabei ist der Teil für mich der beste, der zu der bestimmten Region und Kultur gehört, in der ich lebe. Zugleich ist Offenheit dafür wichtig, von anderen Religionen und Kulturen Elemente zu übernehmen, die mir im Zuge multi- und interkultureller Kommunikation bekannt werden und gerade für diese Situation und die darin stattfindenden Veränderungen angemessen sind. Eine Einheitsreligion wird daraus nicht entstehen, weil dieser die natürliche Neigung des Menschen zur Differenzierung entgegenwirkt. Für die interreligiösen Dialoge, die der interkulturellen Welt angemessen sind, sind die Bereitschaft zuzuhören und eine Haltung wichtig, die den Anderen nicht daran hindert, seine tiefsten Überzeugungen und fundamentalen Gedanken offen darzulegen.

Bevor es zu solchen Dialogen kommen kann, muss der Mensch aber nun, so Ceylan, mit sich selbst einen Dialog beginnen, »in dem er sein Bewusstsein vertieft und versucht, zu den letzten Zielen der Religiosität vorzudringen«. Dabei wird sich zunächst einmal zeigen, dass Fanatismus in den meisten Fällen auf zu flacher Kenntnis der Religion beruht. Des Weiteren ergibt sich von der jeweiligen Religion aus, dass Religion und Weltanschauung mit dem »tiefsten Grund der Rationalität« (basic ground of rationality) nicht identisch sind, diesen nicht erschöpfen. Denn die Ersteren können sich ändern, indem jemand von einer Religion oder Weltanschauung zu einer anderen wechselt, der Letztere jedoch ist der bleibende Grund, auf dem dies geschieht: die »stetige Dynamik in der [wechselnden] Konfiguration der Weltanschauungen«. Zu diesem Grund dringen nur wenige vor; er ist zugleich der Grund »prophetischer Erkenntnis«. Denn die Propheten als göttliche oder heilige Persönlichkeiten richten sich an die Menschheit im Ganzen, ihre Worte übersteigen kulturelle Grenzen: Das Heilige ist ganzheitlich (»such words are holy because they are holistic«).

Die Moslems haben seit dem Anfang ihrer Religion Anhänger anderer Religionen in ihrer Mitte geduldet. Ceylan plädiert nun dafür, dass diese »historische tolerante Haltung, die ihre Vorfahren gegenüber Christen und Juden als Minderheiten in ihren Gesellschaften angenommen haben«, von den heutigen Moslems »ausgedehnt werden sollte auf die Völker anderer Religionen, die nicht notwendigerweise ein Jenseits kennen, oder auf Kulturen, die nicht christlich oder jüdisch sind«. Dem liegt ein Religionsbegriff zugrunde, der weiter und offener ist, als wir ihn bislang, etwa bei Küng und von Glasenapp, gefunden haben. Denn er ist nicht auf die »Buchreligionen« und auch nicht auf die großen »Weltreligionen« begrenzt, sondern bezieht andere Völker und Kulturen mit ihren jeweiligen Traditionen ein. Diese »erweiterte Haltung der Toleranz« kann meines Erachtens nur bedeuten, dass auch die von mir als animistisch bezeichneten Religionen als Dialogpartner ernst genommen werden.

Ceylan konfrontiert seine Dialogik mit der Dialektik, die er ablehnt, weil sie von dem Streit zwischen Gegensätzen ausgeht. Das ist m.E. aber ein zu enger Begriff der Dialektik, die ja auch auf »Versöhnung« gerichtet ist, wenn wir an die hegelsche Version denken, oder auf die gemeinsame Suche nach der Wahrheit in der platonischen Form. Voll zu unterstützen ist indessen, was Ceylan über die Praxis der von ihm beabsichtigten Dialoge sagt. Sie bewirkt, dass »die Ethik des Gesprächs« und der Wille, von dem Anderen zu lernen, als Bedingungen des fruchtbaren Vollzugs dieser Dialoge erkannt werden. So werden die gegenseitige Kenntnis der Dialogpartner und auf jeder Seite die Bereitschaft, die eigenen Überzeugungen und Haltungen kritisch zu prüfen, zwangsläufig zunehmen. Der Gewinn an ethischen Handlungsimpulsen wird dabei wichtiger sein als die abstrakten metaphysischen Spekulationen.

Dialoge mit lateinamerikanischer Philosophie

Im Mittelpunkt der europäisch-westlichen Dialoge mit der lateinamerikanischen Philosophie, wie sie seit 1989 geführt werden, steht die »Befreiungsethik« des aus Argentinien stammenden Philosophen Enrique Dussel, der lange Zeit in Mexiko gelehrt hat. Die Befreiungsethik ist ein Beitrag zur »Philosophie der Befreiung«, die in Lateinamerika parallel zur »Theologie der Befreiung« entwickelt wurde und aus der Kritik an der Situation der Armut und der Verelendung hervorgegangen ist, wie sie besonders in den großen Städten dieses Kontinents als Folge der (neo-)kolonialen Politik Spaniens und Portugals besteht. Die Nähe zum Denken von Karl Marx und zur Theorie-Praxis des Marxismus liegt auf der Hand. Der Zusammenhang von Theologie und Philosophie der Befreiung wurde bereits 1988 von Raúl Fornet-Betancourt in einer Monographie herausgearbeitet.[143]

Hans Schelkshorn beschreibt die »Herausforderungssituation der Befreiungsethik« durch einen Hinweis auf die Abhandlung des peruanischen Philosophen Augusto Salazar Bondy von 1969: *Gibt es eine Philosophie unseres Amerikas?* Nach Schelkshorn fragt Bondy in dieser Abhandlung nicht danach, ob es überhaupt eine lateinamerikanische Philosophie gibt, sondern worin der besondere Charakter dieser Philosophie zu erblicken ist. Dabei spielen einerseits, freilich nur am Rande, »die Weisheitstraditionen der amerindischen Völker« eine Rolle, andererseits und vor allem aber »die Rezeption europäischer Philosophien«, wie sie an den »von den Spaniern gegründeten theologischen Fakultäten spätestens seit dem 16. Jahrhundert« stattfindet. Bondys Charakteristik, dass es der lateinamerikanischen Philosophie an Originalität und Authentizität fehle, wurde von Leopoldo Zea, dem bekanntesten mexikanischen Philosophen, noch in demselben Jahr entschieden kritisiert, da eine Philosophie »ihre Identität allein durch ein radikales Fragen nach der Wahrheit, d.h. als Philosophie schlechthin« und nicht durch eine Eigenständigkeit im Sinn der Vermeidung fremder Einflüsse erlange. Ungeachtet dessen sei es wichtig, dass der kontextuelle Ausgangspunkt dieses radikalen Fragens reflektiert werde.[144]

Der Hinweis auf das Denken der »amerindischen«, das heißt der einheimischen indianischen Völker Amerikas, ist allerdings sehr verkürzt. Dass Schelkshorn von »Weisheitstraditionen« spricht, zeigt ferner an, dass er sie nicht im vollen Sinn als philosophische Traditionen ernst nimmt. Es gibt generell nur wenige Zeugnisse indianischer Philosophie, die im Druck zugänglich sind. Ihre primär mündliche Überlieferung lässt sich indirekt, etwa aus ethnographischen Darstellungen, erschließen. Das ist ein Problem, auf das ich im Zusammenhang des nächsten Abschnitts zurückkommen werde.

Die weithin bekannte Auseinandersetzung zwischen den sehr unterschiedlichen Ethik-Entwürfen von Karl-Otto Apel und Enrique Dussel fand zum großen Teil in unmittelbaren Gesprächen zwischen beiden Autoren auf einer Reihe von Tagungen in Deutschland sowie in Mittel- und Südamerika statt, die »von Raúl Fornet-Betancourt 1989 initiiert und über mehr als fünf Jahre hindurch betreut worden« sind. Apel und auch Dussel streben eine universale Begründung ihrer Ethik-Konzeptionen an. Während es sich bei Apels *Diskursethik* um eine formal-prozedurale Universalität handelt, die im vernünftigen Argumentieren begründet ist, verlangt Dussel für seine *Befreiungsethik* auch eine materiale Universalität, die sich an dem Recht auf die Möglichkeit der Aufrechterhaltung und Entfaltung des gemeinschaftlichen menschlichen Lebens orientiert.

Schelkshorn zeigt in seiner ausführlichen kritischen Würdigung dieser Auseinandersetzung, dass diese Positionen aus konträren Blickwinkeln aufgestellt worden sind. Apel wendet sich gegen den ethischen Skeptizismus, der in der europäisch-westlichen Tradition vorherrscht, und zwar sowohl in den szientistischen, auf die Bedingungen der Wissenschaft und Technologie bezogenen als auch in den existenzphilosophischen und hermeneutisch-relativistischen Richtungen. Mithilfe einer sprachphilosophischen Transformation der Transzendentalphilosophie im kantischen Sinn, die sich auf formale Geltungsansprüche konzentriert, möchte er die »normativen Grundfesten moderner Demokratien wieder freilegen«. Dussel hingegen sucht inhaltliche, gesellschaftlich-politische Fragen, insbesondere die Kritik des »Elends der Massen« und der bleibenden Situation des »schreienden Unrechts« ihrer Armut in seinen philosophischen Ansatz mitaufzunehmen. Für diese Situation wird die »(neo-) koloniale Unterwerfung der Länder der Dritten Welt«, die »durch ethnozentrisch verkürzte Versionen eines ethischen Universalismus (Christentum, Aufklärung) legitimiert worden ist«, als Hauptursache angeführt. Dussel bleibt indessen nicht bei einer »kontextualistischen Negation« stehen, sondern strebt die »kritische Reformulierung einer globalen Verantwortungsethik« an. Dabei bleibt ein entscheidender Ausgangspunkt seine Bindung an jüdische Traditionen, besonders auch an die Ethikkonzeption des Philosophen Emmanuel Levinas. Das zeigt sich vor allem an der Prämisse, dass die Befreiungsethik »ihren Diskurs primär unter dem fordernden Blick der Armen« entwickelt.[145]

Ein relativ aktueller Beitrag von Enrique Dussel zum Thema »Gerechtigkeit« aus der Perspektive der »Ethik der Befreiung« findet sich in der Zeitschrift *polylog.*[146] Sein Ausgangspunkt ist hier die »ethische Kritik der Ökonomie« des aus Indien stammenden und in den USA lehrenden Ökonomen und Philosophen Amartya Sen. Die von den herrschenden ökonomischen

Theorien vorausgesetzte Annahme, dass die jeweilige Verfolgung des (egoistischen) Eigeninteresses der Wohlfahrt aller zugute kommt, ist nach Sen auf jeden Fall in dem Sinn zu ergänzen, dass eine »ökonomische Maßnahme, die den Nutzen eines Betroffenen vergrößert, den Nutzen eines anderen nicht verringern darf«. Für die »volle Erfüllung des Personseins« ist nach seiner Meinung »der ›freie‹ Zugang zu Wohlstand und Nutzen notwendig«.

Dussel findet jedoch, dass auch Sen trotz des Erfahrungshintergrundes der indischen Realität die Situation extremer Armut nicht hinreichend in seinen Ansatz aufnimmt, eine Situation, in der es nicht um die Verwirklichungschancen von Wohlfahrt und Nutzen geht, sondern um die tiefere Ebene der Überlebensstrategie. Von daher macht Dussel das menschliche Leben als solches zum universalen Kriterium seiner materialen Ethik. Seine Prägung durch eine kritische Marx-Lektüre ist unverkennbar, wenn er sagt: »Das menschliche Sein soll sich produzieren, reproduzieren und das menschliche Leben in Gemeinschaft mit allen Aspekten entwickeln.« Wenn dann die Möglichkeiten der Verwirklichung dieses menschlichen Seins konkretisiert werden, geschieht dies im Kontext »einer bestimmten Kultur«, der »den geschichtlichen Horizont vorgibt, von dem her seine Verwirklichung hinsichtlich der Individuen, der Gemeinschaften bis hin zur Menschheit« zu verstehen und auch zu messen ist. Der Universalismus Dussels erweist sich so als ein konkret gegebener, der von der je eigenen Situation aufsteigt zur makroethischen Berücksichtigung der gesamten Weltlage.

In kritischer Ergänzung zu dem großen Entwurf einer Handlungstheorie, wie sie Jürgen Habermas entwickelt hat und in der die kommunikative, praktische Handlung neben der instrumentellen, technischen und der expressiven, ästhetisch-kritischen steht[147], konzipiert Dussel die »ökonomische Handlung«, in der praktische, den Austausch von Gütern bestimmende und instrumentelle, Güter produzierende Beziehungen zusammenwirken. Dieser Handlungstyp verwirklicht sich in der *Arbeit* in einem weiten Sinn, wobei diese als eine Weise zu sein, zu leben, verstanden wird: »nämlich leben, indem man in kultureller Weise Neues und damit Geschichte schafft, nachdem man von der bloßen Reproduktion befreit ist; dies wäre ein Arbeiten als Entwicklung des Lebens«, das neben der Produktion auch Tausch und Distribution einschließt. Auf dieser Grundlage erscheint »die Beziehung zwischen Ethik und Ökonomie in einem neuen Licht«. Anders als es auch bei Sen geschieht, stehen die ethischen Prinzipien »nicht einfach neben oder außerhalb der Ökonomie, sondern konstituieren die Ökonomie von innen her«[148].

Rückblickend fasst Dussel von diesem Standpunkt aus den »Dialog zwischen Befreiungsethik und Diskursethik« folgendermaßen zusammen: »Wenn die Moral keinen materialen, d.h. inhaltlichen Aspekt formuliert, der im universalen Prinzip der Reproduktion und Entfaltung des menschlichen Lebens besteht, bleibt die Gültigkeit einer solchen Ethik bloß formal. In diesem Fall subsumiert die Befreiungsethik die formal-diskursive Moral«, freilich nicht, ohne deren Anspruch auf eine Letztbegründung als »abstrakten Universalismus« abzuweisen. Ob es indessen wirklich von einer überlegenen Position zeugt, wenn nun für das »materiale Kriterium des menschlichen Lebens [...] absolute Gültigkeit« beansprucht und von daher gefordert wird, es müsse »der letzte Referenzpunkt jedes Modells, jedes Arguments, jedes ökonomischen Systems sein«[149], erscheint mir fraglich. Wäre es nicht angemessener, im Sinne eines konkreten Universalismus für die jeweils gegebene Situation und deren durch die eigene Sicht bedingte Erkenntnis zu sprechen? Dabei würden dann der kulturelle und historische Kontext vor Beliebigkeit und Relativismus schützen.

Dialoge mit afrikanischen und anderen primär mündlich überlieferten Philosophien

Die Dialoge zwischen westlichen und östlichen Philosophien sind etwas prinzipiell anderes als die Arbeiten der vergleichenden Philosophie, die sich auf diese beiden Weltregionen beziehen, wobei die Ersteren die Letzteren voraussetzen und das von ihnen angesammelte Material verwenden und verwerten. Indem von der europäisch-westlichen Philosophie aus Dialoge mit der arabisch-islamischen Philosophie angegangen werden, die im Mittelalter eine beachtliche Vorgeschichte haben, werden nicht nur die methodologischen, sondern auch die regionalen Grenzen der vergleichenden Philosophie überschritten. Die Dialoge westlicher mit lateinamerikanischer Philosophie bringen eine Weltregion in den internationalen philosophischen Diskurs ein, die bis dahin nicht in dessen Blickfeld gelegen hat. Dabei ist mit der Wendung gegen die koloniale und neokoloniale Haltung des westlichen Denkens eine Hinwendung zu unterprivilegierten Gruppen der Bevölkerung verbunden. Der Hauptakzent der »Ethik der Befreiung« liegt auf der Situation der Armen, die in die Philosophie einbezogen werden muss. Die Traditionen des Denkens der einheimischen indianischen Völker wurden zunächst nur am Rande beachtet. In diesem Punkt führen die Dialoge mit afrikanischer Philosophie einen entscheidenden Schritt weiter, sofern darin von der heutigen Situation aus der Zugang zu dem durch die Jahrhunderte primär mündlich überlieferten philosophischen Gedankengut, der auf verschiedenen Wegen gesucht wird, mit zur Diskussion steht.

So wird man sagen können, dass die Dialoge europäisch-westlicher mit afrikanischer Philosophie den Testfall darstellen. Afrikanische Philosophie steht dabei für die Philosophie in Afrika südlich der Sahara. Die nordafrikanischen Länder, die im frühen Mittelalter arabisiert und islamisiert worden sind, fallen in dieser Hinsicht unter eine andere Kategorie. In den Dialogen mit der Philosophie des subsaharischen Afrika geht es in wesentlicher Hinsicht, wie in den internen Debatten der Philosophen aus diesem Gebiet, um die Erweiterung dessen, was Philosophie heißt, über die in Texten dokumentierten Philosophien hinaus auf primär mündlich überliefertes philosophisches Gedankengut. Damit wird dann allererst die Dimension des Interkulturellen in der Philosophie erreicht. Denn interkulturelle Philosophie geht davon aus, dass Philosophie nicht das Privileg bestimmter einzelner Kulturen ist, welche die »Kunst des Schreibens« beherrschen, sondern wesentlich zu jeder Kultur gehört, also auch zu denen mit primär mündlichen Formen der Kommunikation und Überlieferung. Es ist klar, dass auf diese Weise der Philosophiebegriff und auch die Philosophiegeschichte erweitert werden und neuer Präzisierung bedürfen. Darauf werde ich im Schlusskapitel näher eingehen.

Von Jacques Derrida und seiner Philosophie der Differenz lässt sich lernen, dass der Gegensatz von Mündlichkeit und Schriftlichkeit der Denkweise der europäisch-westlichen Philosophie entstammt. Derrida zeigt, dass diese Denkweise, die vor allem in geschriebenen Texten dokumentiert ist, nicht nur durch Logozentrismus und Ethnozentrismus, sondern paradoxerweise auch durch Phonozentrismus, d.h. den Vorrang der gesprochenen Sprache, charakterisiert ist. Denn die vorherrschende westliche philosophische Tradition bevorzugt einerseits die gesprochene Sprache und bewertet die Schrift nur als äußerliches Mittel, als Gedächtnisstütze, um das gesprochene Wort nicht zu vergessen. Derrida bezieht sich in diesem Zusammenhang besonders auf Platon, Rousseau und Hegel. Andererseits beurteilt dieselbe philosophische Tradition Kulturen, welche die »Kunst des Schreibens« nicht kennen, als niedriger stehend. Derrida will diese Rangordnung nicht umkehren, sondern gesprochene Sprache und Schrift als gleichwertig und gleichursprünglich denken. Dazu bedarf es eines radikal erweiterten Schriftbegriffs, sodass das Hinterlassen jedweder Art einer »lesbaren Spur« Schrift heißen kann.[150] Eine hierarchische Ordnung der Kulturen nach dem Kriterium der Schriftlichkeit ist damit obsolet geworden. Jede Kultur beruht nicht nur auf gesprochener Sprache, sondern auch auf einer spezifischen Art von Schrift in dem genannten weiten Sinn. Diese neue Betrachtungsweise hat mich dazu veranlasst zu fragen, wie sich im afrikanischen Kontext von der »Politik der Differenz« aus der Gegensatz von Mündlichkeit und Schriftlichkeit ausräumen lässt, indem der philosophische Text in der afrikanischen mündlichen Tradition sichtbar gemacht wird.[151]

Von afrikanischer Philosophie ist zum ersten Mal in einem Buch des belgischen Missionars Placide Tempels über Bantu-Philosophie die Rede.[152] Tempels rekonstruiert die Philosophie der Luba, eines Volkes im Nordosten des damaligen Belgisch Kongo (der heutigen Demokratischen Republik Kongo), bei dem er sich als Missionar aufhielt, aus dessen Sprache, besonders den Sprichwörtern, Mythen, religiösen Riten und alltäglichen Gebräuchen. Er erkennt ihnen damit implizit Philosophie zu, meint aber, dass sie nicht selbst in der Lage sind, diese explizit zu machen. Besonders ab dem Zeitpunkt der politischen Unabhängigkeit, die für die meisten afrikanischen Völker um 1960 verwirklicht wird, entbrennt eine heftige Debatte darüber, ob es afrikanische Philosophie (im strengen Sinne des Wortes) gibt bzw. in der Geschichte dieser Völker gegeben hat. Diese Debatte hat selbst unzweifelhaft philosophischen Charakter, sodass man auch zu der These gelangt, die afrikanische Philosophie entstehe in der Debatte um die Frage, ob es sie gibt oder gegeben hat.[153]

Nach Tempels haben dann auch afrikanische Autoren die implizite Philosophie ihrer Völker explizit zu machen gesucht. Diese Unternehmung, ob sie nun von westlichen oder afrikanischen Autoren ausgeführt wird, heißt »Ethnophilosophie«. Sie wird zunächst nicht von allen afrikanischen Philosophen akzeptiert. Der entschiedenste Kritiker ist Paulin J. Hountondji, ein Philosoph aus Cotonou im heutigen Benin. Sein Buch *Sur la philosophie africaine. Une critique de l'ethnophilosophie* (1977) ist auf Deutsch als Übersetzung der englischen Ausgabe erschienen, in welcher der kritisch auf die Ethnophilosophie bezogene Untertitel nicht übernommen worden ist.[154] Wie die an der Herausgabe der deutschen Übersetzung Beteiligten haben sich auch viele andere westliche Leser der Kritik Hountondjis angeschlossen. Der paternalistische Aspekt der Studie von Tempels entfällt jedoch, wenn die Rekonstruktion der Philosophie eines afrikanischen Volkes aus seiner Sprache und den anderen genannten Quellen von afrikanischen Autoren vorgenommen wird. In dieser Form erscheint mir die Ethnophilosophie als ein legitimes und hochinteressantes philosophisches Projekt. Ich erinnere an die bereits erwähnten Arbeiten von Kwame Gyekye aus Ghana und Gerald J. Wanjohi aus Kenia sowie an die besondere Bedeutung, die sie den Sprichwörtern in ihren Sprachen als Quelle der Philosophie zumessen. Ferner sind der heute in Washington/DC lehrende Segun Gbagedesin und die nigerianische Philosophie-Professorin Sophie B. Oluwole genannt worden, wobei die Letztere auch vielfach Texte der reichhaltigen oralen Literatur ihres Volkes heranzieht.[155] Durch eine Vielzahl von Bemühungen, die man in ihrer Gesamtheit zur Kenntnis nehmen muss, wird so die implizite Philosophie afrikanischer Völker erfasst und in ihren Inhalten dargelegt.

Die traditionelle afrikanische Philosophie, die direkt primär mündlich praktiziert und überliefert wird, ist zum ersten Mal durch den kenianischen Philosophen Henry Odera Oruka thematisiert worden. Darauf habe ich oben bereits hingewiesen. Hier soll sein Projekt etwas genauer vorgestellt werden. Selbst eines der 21 Kinder eines »sage« (als englisches und französisches Wort im Gebrauch), das heißt eines philosophischen Weisheitslehrers, der Luo in Westkenia, hat er nach seinem Philosophiestudium in Schweden und den USA maßgeblich an der Errichtung einer Philosophie-Abteilung an der Universität Nairobi mitgewirkt. Von diesen Voraussetzungen aus gelangt er zu der These, dass der Gegenstand seiner Studien an westlichen Universitäten sachlich mit dem übereinstimmt, was er in seiner Jugend als die Tätigkeit seines Vaters erfahren hat. Um diese These zu erhärten und die traditionelle afrikanische Philosophie zu dokumentieren, begann er, gemeinsam mit einer Reihe von Mitarbeitern der Universität Nairobi möglichst viele »sages« in verschiedenen Völkern Kenias aufzusuchen, mit ihnen zu sprechen und ihr Gedankengut schriftlich festzuhalten. Sein erstes wichtiges Buch, *Sage Philosophy*, erschien 1990.[156]

Ohne auf Orukas Projekt in allen Einzelheiten eingehen zu können, ist es wichtig zu betonen, dass er einen strengen Philosophiebegriff anwendet, mit dem er gerade auch den Ansprüchen der analytisch orientierten angelsächsischen Philosophie dieser Zeit gerecht zu werden sucht. Als Kriterien dafür, wer als Philosoph gelten kann, stehen »rational begründend«, »kritisch« und »selbstständig denkend« im Vordergrund. Das bringt Oruka dazu, bei den Weisheitslehrern und -lehrerinnen, die er besucht und befragt, einen etwas künstlich anmutenden Unterschied zwischen Volksweisen (folk sages) und philosophischen Weisen (philosophical sages) zu machen. Dies dient jedoch dem Ziel nachzuweisen, dass es Philosophie im strengen Sinn in den traditionellen afrikanischen Gemeinschaften gegeben hat und bis heute gibt. Die Funktion der »sages« in diesen Gemeinschaften besteht darin, dass sie einzelnen Personen oder auch Familienoberhäuptern und politischem Führungspersonal praktische Ratschläge erteilen, für die sie auf den Wissensvorrat zurückgreifen, der ihnen mündlich überliefert worden ist.

Wie bereits erwähnt wurde, hat Amadou Hampaté Bâ, ein Philosoph aus Mali, der in Frankreich studiert und lange Zeit im Senegal gelebt hat, über Leben und Lehre des traditionellen philosophischen Weisheitslehrers Tierno Bokar geschrieben, dessen Schüler er selbst gewesen ist. Mit diesem Text, der schon 1980, das heißt zehn Jahre vor Orukas *Sage Philosophy*, veröffentlicht wurde[157], will Bâ weder die Philosophie dieses »sage« als solche thematisieren noch nachweisen, dass es sie gibt. Er schreibt im Auftrag einer Untersuchungskommission islamischer Gelehrter und Richter, die dem Moslem und Koran-Lehrer Tierno Bokar Ketzerei vorwerfen, ein Gutachten, das die dem Sufismus und anderen der Mystik verwandten islamischen Lehren der Philosophie seines Meisters herausstellt. Eine bis heute nicht recht beachtete Besonderheit des traditionellen Philosophen Tierno Bokar, die in der Wiedergabe seiner Lehre durch Hampaté Bâ zutage tritt, besteht darin, dass er eine eigene symbolische Darstellung der logischen Struktur seiner Argumente entwickelt hat.[158] Das kann man der These des britischen Kulturanthropologen Robin Horton – der heute nigerianischer Staatsbürger ist und an der Universität von Port Harcourt lehrt – entgegenhalten, wenn er behauptet, die Afrikaner seien nicht fähig, eine eigene Philosophie zu entwickeln, weil ihr Denken sich nicht eigne, Erkenntnistheorie und Logik, besonders formale Logik, hervorzubringen, die er als Kerndisziplinen jeder Philosophie ansieht.[159]

Mit dem Buch über Tierno Bokar vergleichbar sind die ebenfalls aus einem konkreten Anlass aufgeschriebenen Lehren von zwei äthiopischen »sages« aus dem 16. und 17. Jahrhundert. Diese einzigartigen Quellen beruhen darauf, dass es in Äthiopien, anders als in den übrigen Ländern des subsaharischen Afrika, sehr wohl schriftlich überlieferte philosophische Texte gibt, die bis ins 5. Jahrhundert zurückreichen. Das hängt mit der Gründung der äthiopischen christlichen Kirche im 4. Jahrhundert zusammen, die eine eigene Sprache und Schrift, das Ge'ez, vergleichbar mit dem Gebrauch des Lateinischen in der römisch-katholischen Kirche, einführte und benutzte. Das Manuskript *Das Leben und die Maximen des Skendes* stammt aus dem ersten Viertel des 16. Jahrhunderts. Es ist aufgeschrieben worden, weil Skendes aufgrund einer schweren moralischen Verfehlung das Gelübde getan hat, nie wieder zu sprechen. Als er vom König von Axum (im Norden des heutigen Äthiopien) an dessen Hof gerufen wird, um dort als »sage« zu wirken, bleibt ihm nichts anderes übrig, als seine philosophisch unterbauten Ratschläge schriftlich zu erteilen.[160] Hier folgen zwei Beispiele aus den 55 Fragen und Antworten der zweiten, stark philosophisch-spekulativen Abteilung seines Textes:

»Sie fragten den weisen Mann und sagten zu ihm: ›Was ist die Seele?‹ Er antwortete [indem er schrieb]: ›Die Seele ist ein himmlisches Feuer, ein unsterbliches Geschöpf wie die Engel; eine Lampe, [...] ein gutes und vernünftiges (rational) Feuer, voll Wissen, eine Intelligenz; sie spricht, regt den Körper an und lehrt ihn Vernunft (reason).‹«

»Sie fragten den weisen Mann und sagten zu ihm: ›Was ist der Verstand?‹ Er antwortete [indem er schrieb]: ›Der Verstand ist ein verborgenes Gut; er ist das Licht der Seele, ein Feuer, das viele Gedanken hervorbringt; er vollbringt Handlungen; er hat Gewalt über die Sprache; er ist vernünftig (rational); er kontrolliert das Denken; [...] er ernährt und stärkt die Intelligenz; er ist die Ehre des Körpers, die Zierde der Weisheit, die er richtig konzipiert (setting it up rightly).‹«[161]

Die *Abhandlung von Sera Jakob* (1667) bildet nach Claude Sumner, der diese Texte entdeckt, transkribiert, ins Englische übersetzt, kommentiert und veröffentlicht hat, das Gegenstück zu einem Text aus der westlichen philosophischen Tradition, dem *Discours de la Méthode (Abhandlung über die Methode)* von René Descartes aus dem Jahr 1637. Der Titel dieser Abhandlung lautet *hatäta*, was soviel bedeutet wie »Schritt für Schritt befragen, in und durch etwas hindurch suchen, genau untersuchen, prüfen«. Im Streit der orthodox-äthiopischen, römisch-katholischen, jüdischen und islamischen Theologen, der zur Zeit Sera Jakobs in Äthiopien geführt wurde, suchte er durch vernünftiges Nachdenken die logische Stimmigkeit und Konsistenz der Argumente zu prüfen und zu einer rational unterbauten Position zu gelangen.[162]

Sera Jakob hat diesen Text aufgrund der Bitte eines seiner Schüler, des Sohnes des Kaufmanns Habtu aus Enfraz, niedergeschrieben. Wie aus der Lebensgeschichte am Beginn der Abhandlung *hatäta* hervorgeht, hat er diese vierzig Jahre vor ihrer Niederschrift konzipiert, als er 1627 vor dem zum katholischen Glauben übergetretenen König Susenyos fliehen musste und jahrelang in einer Höhle, nicht weit vom heutigen Addis Abeba, lebte. Kapitel VIII beginnt mit den Sätzen: »Der Wille Gottes ist durch die kurze Feststellung (statement) unserer Vernunft (reason) bekannt, die uns sagt: ›Diene und verehre (worship) Gott deinen Schöpfer und liebe alle Menschen wie dich selbst.‹ Weiterhin sagt unsere Vernunft: ›Füge anderen nicht zu, was du nicht willst, das sie dir tun, sondern handle so gegenüber anderen, wie du willst, dass sie dir gegenüber handeln.‹ Die Zehn Gebote in den Fünf Büchern Moses drücken den Willen Gottes aus, wobei sie das Einhalten des Sabbat ausnehmen, denn unsere Vernunft sagt nichts über das Einhalten des Sabbat.«[163]

Damit hoffe ich die Existenz, den Rang als Philosophie im strengen Sinn und die Eigenart der traditionellen, primär mündlich überlieferten Philosophie im subsaharischen Afrika hinreichend verdeutlicht zu haben. Vergleichbare Forschungen zu den

Philosophien anderer Kulturen mit primär mündlichen Formen der Kommunikation und Tradition, etwa bei den malayischen Völkern Südostasiens, den Bewohnern Ozeaniens, des vorkolonialen Nord-, Mittel- und Südamerika oder Nord- und Zentralasiens, sind bislang kaum ausgeführt. Wegen des noch stets vorherrschenden Philosophiebegriffs, der sich nur auf geschriebene Texte bezieht, und der methodologischen Schwierigkeiten, da diese Philosophien indirekt aus anderen Quellen (Sprache, Sprichwörtern, Mythen, Sitten und Gebräuchen) und vor allem durch Auskünfte der heute noch lebenden traditionellen Philosophen zu ermitteln sind, ist auf diesem Gebiet bis heute wenig geschehen. Ein enormes philosophisches Wissen droht so verloren zu gehen. Hampaté Bâ hat einmal gesagt, dass mit dem Tod eines jeden »sage« dasselbe geschieht, wie wenn eine Bibliothek mit einmaligen Dokumenten abbrennt. Einige wenige mündliche Überlieferungen, die zufällig aufgeschrieben worden sind und die als Quellen zur Philosophie der Indianer Nordamerikas dienen können, bilden hier eine Ausnahme.[164]

Neben der primär mündlich praktizierten und überlieferten Philosophie im subsaharischen Afrika sind die schriftlichen Texte zur politischen Philosophie zu erwähnen, die von führenden Unabhängigkeitskämpfern als Theorie dieser Kämpfe und als praktischer Beitrag zu ihnen formuliert worden sind. In diesem Zusammenhang sind einige wichtige Monographien entstanden; zahlreiche dieser Texte sind auch die gedruckten Fassungen von Reden vor politischen Parteien, Parlamenten, Kongressen. Zu nennen sind hier etwa Léopold Sédar Senghor aus dem Senegal, Sékou Touré aus Guinea, Amilcar Cabral aus Guinea-Bissao, Kwame Nkrumah aus Ghana, Jomo Kenyatta aus Kenia, Julius Nyerere aus Tansania, Kenneth Kaunda aus Sambia und – im historischen Kontext des Kampfes gegen die Apartheid – Stephen Biko aus Südafrika.

Zu erinnern ist auch an die Arbeit der Philosophie-Institute der seit den Fünfzigerjahren entstehenden Universitäten der afrikanischen Länder sowie an Universitäten in den USA, an die zahlreiche afrikanische Philosophen berufen worden sind. Es lässt sich beobachten, dass in den Curricula dieser Abteilungen die Beschäftigung mit westlicher Philosophie im Vordergrund steht, dass aber zunehmend auch die eigenen philosophischen Traditionen dabei berücksichtigt werden. Da Philosophie an der Universität auf der Grundlage schriftlicher Texte betrieben wird, müssen zunächst auch solche Texte zur eigenständigen afrikanischen Philosophie bereitgestellt werden, bevor sie in Forschung und Lehre benutzt werden können. Daran wird intensiv gearbeitet; in einer bibliographischen Übersicht über die philosophische Forschung in Afrika, die unter der Redaktion von Hountondji zusammengestellt worden ist, werden für die Zeit von 1900 bis 1985 bereits 3365 Titel aufgeführt.[165]

Auf dem von Alwin Diemer an seiner Heimatuniversität Düsseldorf 1978 organisierten XVI. Weltkongress für Philosophie wurde die afrikanische Philosophie mit ihren verschiedenen Richtungen zum ersten Mal in den weltweiten philosophischen Diskurs einbezogen. Das *Symposium on Philosophy in the Present Situation of Africa*, das dort stattgefunden hat, ist in einer eigenen, von Diemer herausgegebenen Veröffentlichung dokumentiert. Vier Jahre nach dem Weltkongress rief Diemer eine sehr viel größere Anzahl afrikanischer Philosophen zu einem Symposium in Düsseldorf zusammen, zu dem er auch Vertreter aus nordafrikanischen Ländern einlud. Die Akten dieses Symposiums erschienen 1985.[166]

Seitdem haben viele Symposien und Kongresse stattgefunden, und es sind Zeitschriften und Sammelbände herausgegeben worden, die dazu dienen, Dialoge zwischen europäisch-westlicher und subsaharisch-afrikanischer Philosophie über gemeinsam interessierende Themen in Gang zu bringen und zu dokumentieren.[167] Als Beispiel seien einige Themen der Symposien afrikanischer und niederländischer, belgischer und deutscher Philosophen in Rotterdam (1989-1997) genannt: Person und Gemeinschaft, Philosophie und Demokratie, Das Multiversum der Kulturen, Zeit und Entwicklung, Gemeinsinn in Kunst und Politik. Von beiden Seiten werden auch kritische Fragen an den Dialogpartner gestellt.

Die kritische Haltung afrikanischer Philosophie gegenüber westlichem Denken kommt am deutlichsten in zwei Artikeln von Odera Oruka zum Ausdruck, auf die hier kurz Bezug genommen wird. Es handelt sich um ethische Reflexionen zur Gerechtigkeit in der Weltgesellschaft.[168] In einer »Philosophie der Entwicklungshilfe« vertritt Odera Oruka entschieden die Position der empfangenden Länder. Er stellt neben das Recht auf territoriale Souveränität, nach dem eine militärische Einmischung in die inneren Angelegenheiten eines Staates nicht gerechtfertigt ist, das Prinzip der Entwicklungshilfe als nationale Mehrleistung (zu der ein Staat nicht verpflichtet ist). Diesem zufolge ist eine ökonomische Einmischung der Geberstaaten ebenso wenig begründbar. Dennoch nimmt sich im Fall der Entwicklungshilfe »der Geber das absolute Recht, über die Bedingungen und die Zeit der Vergabe zu entscheiden«[169].

Ferner hält Oruka die drei Prinzipien, mit denen Entwicklungshilfe oder »Kredite reicher Nationen« begründet werden, nicht für ausreichend. Diese Prinzipien sind 1. »das Gesetz des internationalen Handels«, der überall in der Welt Partner bzw. Mitspieler braucht, 2. »das Prinzip historischer Wiedergutmachung«, durch das die Ungerechtigkeiten der Kolonisation abgemildert werden sollen, und 3. »die Wohlfahrtsmaxime«, der zufolge Reiche den Armen helfen sollen. Oruka fügt als viertes Prinzip »das Recht auf ein menschliches Minimum« hinzu, das nicht nur innerhalb bestehender staatlicher Gesellschaften, sondern weltweit, innerhalb der »Weltgesellschaft« auch für Völker, die weit voneinander entfernt leben, allen eine Verantwortung zur Sicherung dieses Rechts als Menschenrecht auferlegt. Das Prinzip der territorialen Souveränität wird so im Sinne einer Kritik an der absoluten Verfügung über nationales Eigentum relativiert, nicht aber das politische Recht auf nationale Souveränität.[170]

Oruka sieht in seinem vierten Prinzip zur Rechtfertigung der Entwicklungshilfe einen »Beitrag zur normativen Ökonomie«, da aus philosophischer Sicht Ökonomie rein als positive Wissenschaft nicht zureichend ist. Das Recht auf ein menschenwürdiges materielles Minimum schließt ein, dass die Mittel zur Befriedigung von drei Grundbedürfnissen jedem zur Verfügung stehen: »physische Sicherheit, Gesundheit und Subsistenz«, wobei durch das Letztere die Mittel zur Selbsterhaltung des Lebens bezeichnet werden, also Essen, Trinken, Kleidung, Behausung, Liebe. Die Erfüllung dieser Grundbedürfnisse ist vorausgesetzt, damit ein Mensch »als Person agieren kann«. Oruka beruft sich auf maßgebliche Studien, die zeigen, dass, wenn die Welt der reichen Nationen »überflüssige militärische Ausgaben und überflüssigen Konsum der Haushalte vermeidet und diese Einsparungen vernünftig unter den an Armut leidenden Nationen aufteilen würde, der Welthunger dann abgeschafft werden könnte«.

Ulrich Lölke zieht die Linie von Orukas »Philosophie der Entwicklungshilfe« durch zu dem zweiten erwähnten Aufsatz *(Ecophilosophy and the Parental Earth Ethics)*, in dem Oruka das Prinzip der »elterlichen Fürsorge« zum Grundprinzip einer »für die gesamte Erde gültigen Ethik« macht. Wenn er das afrikanische Gemeinschaftsdenken, das auf der Großfamilie (extended family) basiert, in der die Mitglieder einander nicht in absoluter

Not allein lassen, in dieser Weise auf die Weltgesellschaft anwendet, plädiert Oruka nach Lölke nicht für einen »afrikanischen« Begriff der Gerechtigkeit, sondern für einen allgemein gültigen, der aber stark durch die »afrikanische Erfahrung« geprägt ist. Die westliche Philosophie und wir als »Teilnehmer an einem Diskurs im Norden« werden auf diese Herausforderung noch antworten müssen oder vielmehr allererst lernen müssen, »auf Stimmen aus dem Süden zu hören«[171].

Ulrich Lölke widmet sich vor allem einem Dialog mit Kwame Gyekye, Philosoph an der University of Ghana. Der gemeinsame Ausgangspunkt von Lölke und Gyekye ist, dass das subsaharische Afrika gegenwärtig in einem »Zwischenreich« (intermediate space) existiert, das »zwischen Tradition und Modernität« liegt. Sie sind sich auch darin einig, dass Tradition nicht von sich aus autoritär ist, sondern reflexiv, sodass ein kritisches Verhältnis zu ihr jederzeit möglich ist.[172] Der näheren Bestimmung des Begriffs »Tradition«, die Gyekye in seinem Buch *Tradition and Modernity* ausarbeitet, kann Lölke indessen nicht folgen. Gyekye will von Tradition sprechen, wenn ein Ritual oder ein Zusammenhang kultureller Werte (a set of cultural values) über mindestens zwei Generationen, also vierzig bis sechzig Jahre, als gültig oder maßgebend anerkannt wird.[173] Für Lölke ist der Terminus »Generation« in dieser Begriffsbestimmung von Tradition in verdinglichter Weise gedacht. Nach seiner Auffassung geht es nicht darum, ob eine oder zwei Generationen nötig sind, um eine Tradition zu begründen. Auch die Zahl der Jahre, die für eine Generation angesetzt werden, hält er nicht für relevant. Er möchte Tradition deutlicher als »lebendige Tradition« denken. Deshalb definiert er: »Eine Tradition ist ein Muster, ein Ritual oder auch ein komplexer kultureller oder sozialer Zusammenhang, *deren Wiedergabe nicht mehr in den Händen jener liegt, die sie erfunden haben.*«

So entsteht bei Gyekye ein nicht adäquates Verhältnis zur Tradition, wenn er – wie übrigens auch Odera Oruka – seine Gespräche mit jetzt lebenden »sages« als Beweis dafür nimmt, dass es Philosophen in Afrikas kultureller Vergangenheit gegeben hat. Lölke kritisiert dies, indem er von der »Historisierung einer *tradition vivante*« spricht und dabei einen Terminus von Hampaté Bâ aufnimmt. Wenn man die These vom Zwischenreich ernst nimmt, ist das Jetzt, die Gegenwart Afrikas nicht bestimmbar. Die »sages« gehören ebenso sehr dazu wie die Wirtschaftsmanager und die Universitätsprofessoren, die Souvenirhändler und die Trickbetrüger in den Straßen von Nairobi. In der nachkolonialen Periode hat dieser Kontinent seine Identität verloren, und er kann sie nur durch den Prozess entschiedener Dekolonisierung wiederfinden. In diesem Prozess kann die Philosophie, wie Lölke mit Kwasi Wiredu betont[174], eine wichtige Rolle spielen. Ein entscheidender Beitrag der Philosophie kann darin bestehen, den spezifischen Rationalitätstyp anzugeben, der in Afrikas lebendiger Tradition verkörpert ist. Yacouba Konaté, Philosoph aus der Republik Elfenbeinküste, arbeitet daran, diesen Rationalitätstyp zu bestimmen. Dies führt ihn inmitten der »Krisen des gegenwärtigen Afrika« an eine »Wegkreuzung«, an der dessen Untergang, aber auch dessen »Wiedergeburt« möglich wird.[175]

6. Schluss: Erweiterung und neue Präzisierung des Philosophiebegriffs und der Philosophiegeschichte

Für Hegel, aber auch für Nietzsche und für Heidegger, für Whitehead und für Russell beginnt Philosophie in der griechischen Antike, in einem vorläufigen Sinn mit den Vorsokratikern und definitiv mit Platon und Aristoteles. Philosophie wird damit für Europa und seine Geschichte reklamiert. Dass diese Geschichte ihren Weg nimmt über das antike römische Reich ins Europa nördlich der Alpen, ist noch immer Communis Opinio. Es gibt nach diesen Auffassungen zwar eine Vorgeschichte der Philosophie, die jedenfalls bis zu den Upanishaden (750-550 v. Chr.) in der indischen Tradition und Laozi (geb. um 600 v. Chr.) in der chinesischen Tradition zurückreicht, und es gibt Einflüsse aus dem Vorderen Orient mit seinen orphischen Geheimlehren und aus Ägypten mit seiner Mysterienreligion. Im Mittelalter dringen dann die Auffassungen islamischer Gelehrter, besonders von al-Farabi, Avicenna und Averroes, in die europäische Theologie und Philosophie ein. Das kann aber nichts an der Annahme ändern, dass die Philosophie einen europäischen Charakter hat. Sofern mit der Unabhängigkeit der USA die europäische Zivilisation sich auch auf dem amerikanischen Kontinent ausbreitet, ist es dann angemessen, von einem nordatlantischen oder von einem westlichen Charakter der Philosophie zu sprechen.

Hegel hat die Philosophie von Platon und Aristoteles bis zu ihm selbst als die innere Linie der Weltgeschichte aufgefasst, die er bekanntlich als »Fortschritt im Bewusstsein der Freiheit« begreift. Auch Nietzsche sieht die Geschichte der europäischen Philosophie, welche die Geschichte der Philosophie überhaupt ist, unter einem einheitlichen Gesichtspunkt, nach dem sie freilich eher eine Geschichte des Verfalls als des Fortschritts ist. Der »christliche Platonismus« mit seiner zunehmenden Leibfeindlichkeit und Abstraktheit bedeute insgesamt die »Heraufkunft des europäischen Nihilismus«. Heideggers Betrachtung der Geschichte der Philosophie als anwachsende »Seinsvergessenheit« schließt bei Nietzsche an, geht aber einen entscheidenden Schritt weiter. Zum Verständnis des »Seins des Seienden« wird in dieser Geschichte immer nur auf wechselnde Art und Weise auf ein »höchstes Seiendes« verwiesen, ohne an das Sein selbst zu denken. Sofern Heidegger die Frage nach dem Sein neu stellt, geht er zugleich zu dem ältesten Alten zurück, etwa zu Anaximander, bei dem es noch »eine frühe Spur des Unterschieds« von Sein und Seiendem gibt, die allerdings auch hier schon »ausgelöscht« wird. So scheint es, dass »die Vergessenheit des Seins in das durch sie selbst verhüllte Wesen des Seins« gehört.[176]

Heidegger selbst positioniert sich *nach* der Geschichte der Seinsvergessenheit oder besser gesagt dieser Seinsvergessenheit der europäischen Geschichte der Philosophie, welche die einzige ist, die es gibt. Was sich nun geändert hat, ist nicht, dass Heidegger das Sein beziehungsweise die »Wahrheit des Seins« unverhüllt zu sehen bekäme, sondern dass er um die wesensgemäße Verhülltheit dieser Wahrheit weiß. Das bringt ihn zu einer Bescheidenheit, die der Selbstbescheidung der interkulturellen Philosophie durchaus verwandt ist, die keiner der durch eine bestimmte Kultur geprägten Philosophien die absolute Wahrheit zuerkennt. Heidegger kann sich jedoch von der hegelschen Verbindung von Philosophie und Europa nicht lösen. Deshalb befindet er sich mit seiner Position in der Nachgeschichte der (mit Europa und seiner Geschichte identifizierten) Philosophie und bezeichnet sich selbst nicht mehr als Philosophen, sondern als Denker. Es entbehrt nicht der Ironie, wenn seine denkende Explikation der Seinsfrage von nichteuropäischen, vor allem japanischen und koreanischen Philosophen als verwandte Unternehmung zu ihrer Philosophie erfahren wird.

Was als Philosophie verstanden wird, hängt also offenbar mit der Auffassung über ihre Geschichte, wann und wo sie sich abgespielt hat, auf das Engste zusammen. So ist es nicht verwunderlich, dass eine Erweiterung und neue Präzisierung des Philosophiebegriffs, wie sie aufgrund der Einführung der Dimension des Interkulturellen in die Philosophie notwendig sind, sich in entsprechender Weise auch auf die Konzeption der Philosophiegeschichte auswirken. Philosophie kann nicht länger ein Synonym für Europa sein. Auf dem Weg über die Entdeckung der Philosophie im Osten, wobei Indien, China und Japan nur Beispiele sind, über arabisch-islamische, latein- oder iberoamerikanische und subsaharisch-afrikanische Philosophie (bei der die Ausnahme Äthiopien, nicht aber die – umstrittene – Sonderstellung Ägyptens zur Sprache gekommen ist), hat sich der Horizont für einen Begriff der Philosophie geöffnet, bei dem diese mit dem Menschsein und menschlicher Kultur als solcher in einem wesensmäßigen Zusammenhang steht.

Aber auch hier gibt es noch eine Verwandtschaft der interkulturellen Philosophie mit Heideggers angeblich nachphilosophischem Denken. In der 1935 in Rom gehaltenen Rede *Europa und die deutsche Philosophie* statuiert er, wenn auch im Kontext einer befremdlichen Deutschtümelei, dass im Bereich der Kunst etwas geschieht, was für die Philosophie wegweisend ist. Das gilt, wie oben in der Einleitung ausgeführt, auch für die interkulturelle Philosophie. Ferner sagt der Denker Heidegger über die »Vielfältigkeit der Standpunkte« und den »Wechsel der Systeme« in der (europäischen) Geschichte der Philosophie, über ihre sich auftürmende Komplexität und ihre immer schwerer zugängliche Abstraktheit, dass es darin im Grunde um die »Einfachheit des Einzigen und Selbigen« gehe, nämlich die sich verbergende Wahrheit des Seins.[177] Damit sucht Heidegger auch zu einer anderen Sprache zurückzufinden, die er selbst als »das einfache Sagen« charakterisiert. Und er weiß, dass das Einfachste oft das Schwerste ist. Jedenfalls erfahren dies Philosophen, die von der europäisch-westlichen Tradition geprägt sind, gerade auch wenn sie von der Grundlage des dieser Tradition Wesentlichen aus Dialoge mit anderen philosophischen Traditionen aufnehmen wollen.

Die Erweiterung des Philosophiebegriffs von Europa und seiner Geschichte auf die gesamte Menschheit und ihre Geschichte verlangt wie auch andere Prozesse der Globalisierung als Gegenbewegung eine Regionalisierung. Die eine Weltphilosophie gibt es nur im Chor der vielen Stimmen kulturspezifischer Philosophien. Dieter Senghaas, der von ganz anderen Voraussetzungen aus zur interkulturellen Philosophie kommt, sieht die große Chance für interkulturelle Philosophie darin, dass »alle Kulturen«, in der Gegenwart »mehr als je«, und dies gilt dann nicht nur geographisch »in der Welt von heute«, sondern auch historisch in entsprechenden anderen Situationen der Geschichte (der Menschheit), »mit sich selbst in Konflikt geraten *und darüber selbstreflexiv werden*«[178].

Ebendieses Selbstreflexivwerden in Konflikt- oder Notsituationen einer Kultur ist die Geburtsstunde der Philosophie in der Geschichte dieser Kultur. So erwartet Heidegger von der Philosophie (in jener erwähnten Rede sagt er: »von der deutschen Philosophie und damit von der Philosophie überhaupt«) durch eine »schöpferische Auseinandersetzung mit der ganzen bisherigen Geschichte« einen Beitrag zur »Rettung Europas«, das sich 1935 auch wegen seiner »eigenen Entwurzelung und Zersplitterung« in »gesteigerter Bedrängnis« befinde.[179] Und Hegel spricht 1801 in seinem ersten philosophischen Buch, in dem er seine eigene Position gegenüber derjenigen Fichtes und Schellings herauszustellen sucht, von der »geschichtlichen Ansicht philosophischer Systeme«. Er sagt dort: »Entzweiung ist der Quell des *Bedürfnisses der Philosophie.*«[180] »Entzweiung« heißt dabei, dass eine Zeit oder eine Kultur in die Krise gerät, weil die Menschen mit sich selbst, mit dem, was sie bewusstlos suchen, und den Strukturen und Institutionen ihrer Gemeinschaft, »dem Leben, das ihnen angeboten und erlaubt wird«, in einen wachsenden Widerspruch geraten.[181]

Solche Situationen, die Philosophie erfordern und hervorrufen, kommen in der Geschichte jeder Gemeinschaft vor. Eine Kulturgemeinschaft, die in der einen oder anderen Weise mit sich selbst in Konflikt gerät, muss sich und wird sich ihrer eigenen Grundlagen, der Bedingungen ihres Bestehens und Fortbestehens inmitten anderer Kulturen und der Natur vergewissern. Sie muss und wird in erster Linie artikulieren, dass sie sich infrage gestellt sieht, und dabei auffächern, welche Fragen sich im Einzelnen stellen. Indem mit den Mitteln des Denkens, Hegel sagt: der Vernunft, der Zusammenhang dieser Fragen und die möglichen Antworten schrittweise entfaltet werden, entsteht die Philosophie der betreffenden Kulturgemeinschaft.

Aus diesen Aussagen Hegels zur Entstehung und zum Begriff der Philosophie in dem soeben angegebenen Kontext ergibt sich seine damalige Konzeption der Geschichte der Philosophie. Wie man leicht erkennen wird, unterscheidet sich diese Konzeption radikal von seinen späteren Auffassungen. Hegel geht davon aus, dass »jede Vernunft, die sich auf sich selbst gerichtet und sich erkannt hat«, unter den jeweiligen besonderen Bedingungen »eine wahre Philosophie producirt, und sich die Aufgabe gelöst hat, welche [...] zu allen Zeiten dieselbe ist«. Dies bedeutet, dass

Philosophen aufgrund der »verwandten Kraft des Geistes« einander erkennen, dass sie in der Philosophie eines Anderen, auch wenn diese unter ganz anderen Bedingungen konzipiert worden ist, »Geist von ihrem Geist, Fleisch von ihrem Fleisch« finden. Anders ausgedrückt: »Der lebendige Geist, der in einer Philosophie wohnt, verlangt, um sich zu enthüllen, durch einen verwandten Geist gebohren zu werden.«[182]

Dieser Gedanke Hegels, der sich auf die Philosophie – und übrigens auch auf die Kunst – aus früheren Perioden der eigenen Geschichte bezieht, bewährt sich ebenso in der Erfahrung der interkulturellen Philosophie. Auch wenn unter fremden geschichtlichen und geographischen Bedingungen eine Kultur selbstreflexiv wird und sich ihres Bestehens und Fortbestehens vergewissert, wird die Philosophie, die daraus hervorgeht, für Philosophen einer anderen Kultur erkennbar sein. Die Philosophien verschiedener Kulturen werden dann wie die Philosophien aus verschiedenen Perioden derselben Kultur bei allen inhaltlichen und den Stil des Philosophierens betreffenden Unterschieden dem Rang nach gleich, Hegel sagt: »in sich vollendet«, sein. Wie es in der Philosophie »weder Vorgänger noch Nachgänger« gibt, sofern jede Philosophie ihre Aufgabe unter den Bedingungen ihrer Zeit und Umgebung gelöst hat, so gibt es auch keine Rangunterschiede zwischen Philosophien verschiedener Kulturen. Entscheidend ist (mit Blick auf die historischen und die kulturellen Unterschiede), dass die jeweiligen Philosophien die Fraglichkeit ihrer Situation sowie den Zusammenhang einzelner Fragen und möglicher Antwort(richtung)en mit den Mitteln der Vernunft, das heißt des Denkens und nur des Denkens, reflektieren.

Für die Philosophie innerhalb der europäisch-westlichen Tradition lässt sich aus der hier herangezogenen Position Hegels von 1801 ableiten, dass es für das eigentlich Philosophische keine

Geschichte gibt, kein Bessersein oder Höherstehen der Späteren gegenüber den Früheren. Dasselbe lässt sich, mit einer größeren Erwartung auf Zustimmung, für das eigentlich Künstlerische in der Kunst sagen. Was sich ändert, ist »das Bauzeug eines Zeitalters«, sind die herrschenden Vorstellungen und Auffassungen, ist die Sprache einer Zeit. Auch die technischen Mittel sind wichtig, in der Philosophie sind dies vor allem die Medien der Sprachlichkeit und Schriftlichkeit. Bei ihnen gibt es Geschichte und auch geschichtliche Fortschritte, man denke an Diskussionstechniken, Regelungen für Debatten, persönliche oder telefonische Interviews oder auch an handgeschriebene Manuskripte, gedruckte Bücher oder digitalisierte Texte. Das eigentlich Philosophische, die Aufgabe der Philosophie und ihre Lösungswege, wird von den technischen Mitteln nicht tangiert.

Wir übertragen nunmehr die so gefasste »geschichtliche Ansicht philosophischer Systeme« auf die kulturellen Unterschiede der Philosophien. Die kulturellen Unterschiede betreffen nicht das eigentlich Philosophische, das in den höchst unterschiedlichen kulturellen Zusammenhängen dasselbe ist und für Philosophen aus anderen Kulturen als Philosophie erkennbar ist. Deshalb können wir festhalten, dass es für die Philosophien in den verschiedenen Perioden der eigenen Geschichte und in den verschiedenen Kulturen mit ihrer jeweiligen Geschichte prinzipiell keine Rangunterschiede und keine Entwicklung vom weniger Guten zum Besseren oder vom tiefer Stehenden zum höher Stehenden gibt.

Das soll indessen nicht heißen, in der Philosophie insgesamt gäbe es keine Rang- oder Qualitätsunterschiede. Es ist lediglich gemeint, dass eine Philosophie nicht deswegen einen geringeren Rang einnimmt als eine andere, weil sie geschichtlich gesehen früher ist oder weil sie aus einem anderen Weltteil und einer anderen Kultur stammt. Innerhalb des geschichtlichen Zusammenhangs einer bestimmten philosophischen Tradition oder innerhalb des kulturellen Zusammenhangs einer bestimmten Form des Philosophierens gibt es durchaus Unterschiede des Rangs, der Qualität und des sachlichen Gewichts. Und es gibt auch kulturübergreifende Höhepunkte philosophischer Arbeit. Die Letzteren müssen jedoch mit besonderer Vorsicht beurteilt werden. Es darf nicht dazu kommen, dass dann doch eine Kultur als philosophisch prinzipiell höher stehend gegenüber anderen angesehen wird.

Die herausragende Bedeutung von Platon und Aristoteles, Descartes und Spinoza, Kant und Hegel, Heidegger und Wittgenstein in der europäisch-westlichen philosophischen Tradition soll ebenso wenig in Abrede gestellt werden wie etwa diejenige Laozis und Kongzis in der chinesischen oder der Upanishaden, der Bhagavadgita und der Brahma-Sutras in der Vedanta-Tradition der indischen Philosophie. Der deutsche Idealismus oder die im angelsächsischen Bereich entstandene »ordinary language philosophy«, zwei herausragende Richtungen der westlichen Philosophie, werden indessen schon innerhalb dieser Tradition durchaus unterschiedlich beurteilt. Dabei ist die Bedeutung Kants am wenigsten umstritten. Gerade Kant genießt indessen in nichtwestlichen Philosophien häufig relativ geringere Anerkennung.

Was sich am Beispiel der indischen Philosophie zeigt, tritt im Kontext der afrikanischen und anderer nicht primär schriftlich überlieferter philosophischer Traditionen noch stärker in den Vordergrund, dass nämlich maßgebliche Beiträge nicht immer mit den Namen ihrer Urheber verknüpft sind beziehungsweise wie im Fall afrikanischer philosophischer Traditionen nicht als bestimmte benennbare und als solche zugängliche Texte oder Textsammlungen ausweisbar sind. Vielfach ist hier auch die heutige Kenntnis zu begrenzt, weil die Traditionslinien primär mündlich überlieferter Philosophien mit und seit der Alphabetisierung und Modernisierung der entsprechenden Kulturen abgerissen sind. Wo überhaupt viel philosophisches Wissen der Menschheit verloren gegangen ist, müssen wir auch den Verlust der Kenntnis besonderer Höhepunkte in diesen Traditionszusammenhängen beklagen.

Dass spätere Philosophien prinzipiell nicht besser sind als frühere und solche der eigenen Tradition prinzipiell nicht besser sind als solche aus anderen Traditionen, bedeutet nicht, dass spätere Philosophen sich nicht auf frühere zu beziehen brauchen und dass sie nicht nach einer neuen Philosophie streben sollen, in der die positiven Aspekte der älteren mit aufgenommen werden. Es bedeutet auch nicht, dass die Philosophien des einen Kulturraumes nicht bereichert werden können und sollen durch Dialoge mit Philosophien anderer Kulturräume.

In der zeitlichen Perspektive gibt es ferner so etwas wie einen tragenden Anfang, bei dem von den Früheren für die Späteren der Möglichkeitsspielraum abgesteckt wird, der von diesen durchmessen werden kann oder muss. Das meint Heidegger, wenn er auf den Anfang der europäisch-westlichen Philosophie bei den Griechen verweist, der die Grundlage für die philosophischen Bemühungen von Platon und Aristoteles bis zu Hegel und Nietzsche bildet, während er im 20. Jahrhundert an der Vorbereitung eines »anderen Anfangs« arbeiten will. Vergleichbares ließe sich auch hier für die chinesischen und indischen philosophischen Traditionen sagen, die durch Jahrtausende bestimmte anfänglich umgrenzte Möglichkeiten ausmessen.

Eine besondere Situation ist dabei für einige religiös gebundene Philosophien gegeben, etwa für die buddhistische, jüdische, christliche oder islamische Philosophie. Sie berufen sich auf einen tragenden Anfang, dem zugleich eine nicht einholbare oder ersetzbare Autorität zukommt. Die Religionsstifter und ihre Lehren behalten für die sich darauf berufenden Religionen und die im Kontext dieser Religionen konzipierten Philosophien diese Art von Autorität: Buddha Gautama für den Buddhismus, Moses und die Propheten für das Judentum, Jesus und die Apostel für das Christentum und Mohammed als der letzte und maßgebende Prophet für den Islam. Philosophien, die sich für den sie konstituierenden Begründungszusammenhang auf den Hinduismus oder den Animismus beziehen, wie bestimmte fernöstliche oder afrikanische philosophische Traditionen, stehen den nicht religiös gebundenen Philosophien näher, sofern sie nicht von einem Religionsstifter ausgehen oder einem solchen die beschriebene Form von Autorität zuerkennen.

Der tragende Anfang kann für die Späteren, die sich in dem dann eröffneten Möglichkeitsspielraum ansiedeln, nur von Bedeutung sein, sofern er ihnen bekannt ist. Und bestimmte auszumessende Möglichkeiten erhalten in dem Maße ihre Kontur, wie sie sich von anderen absetzen. Bei den religiös gebundenen Philosophien, die sich auf Religionsstifter und deren Lehren berufen, ist mit dem tragenden Anfang ein in sich unendlicher, aber wegen der unbedingten Autorität der Stifter nicht zu überschreitender Möglichkeitsspielraum gegeben. Der Rückbezug auf den jeweiligen Anfang ist bei ihnen immer notwendig und besonders intensiv. Bei philosophischen Traditionen, die primär mündlich überliefert worden sind, ist es oft schwer auszumachen, wann und wo der tragende Anfang zu suchen ist und welche darauf aufbauenden oder diesen variierende Möglichkeiten bereits vorliegen. Im Fall der subsaharisch-afrikanischen Philosophie wird von einigen Autoren auf das alte Ägypten verwiesen[183], dessen Bevölkerung vor der Arabisierung und Islamisierung der Hautfarbe und dem Phänotypus nach zu Schwarzafrika gehört haben soll.[184] Die lateinamerikanische Philosophie konzentriert sich bislang sehr viel mehr auf Dialoge mit westlichen Partnern, insbesondere mit den Vertretern der Diskursethik, als auf die Zuwendung zu einheimischen philosophischen Traditionen.

Für die methodische Seite des Umgangs späterer mit früheren Philosophien in einer bestimmten Tradition möchte ich mich dem Vorschlag von Hans-Georg Gadamer anschließen: Dialoge mit der Geschichte aufzunehmen – auch wenn ich, wie oben bereits gesagt, in Bezug auf das Ergebnis solcher Dialoge und das Maß der jeweils zu erreichenden Verständigung vorsichtiger sein und ein mögliches bleibendes Nichtverstehen immer in Rechnung stellen möchte.[185] Wer der jeweilige Dialogpartner ist, ergibt sich aus den Besonderheiten und den Bedürfnissen der jeweiligen Gegenwart. Daraus konstituiert sich auch das in einer Gegenwart relevante Bild der Geschichte, nicht als eines Kontinuums von Vorgängern und Nachfolgern, sondern eher als eine Art Lostrommel, aus der, freilich nicht blindlings, bestimmte Lose gezogen werden. Es versteht sich, dass ausreichende Kenntnisse darüber vorhanden sein müssen, was sich in dieser Lostrommel befindet, damit die Wahl bestimmter Lose begründbar und verantwortbar ist.

So ist dann auch für den Umgang von Philosophen verschiedener Kulturen miteinander von westlicher Seite aus das Modell des Dialogs vorzuschlagen. Die Probleme der Gegenwart bedürfen zu ihrer adäquaten Lösung nicht nur der Hinwendung zu bestimmten Instanzen, Autoren, Textkonstellationen oder Perioden der jeweils eigenen Geschichte. Diese Probleme sind so komplex und in ihrer Zuspitzung für große Teile der Welt oder den Planeten Erde im Ganzen so bedrohlich, dass beim Versuch ihrer Bewältigung die philosophischen Potenziale aller Kulturen genutzt werden müssen. Die Vorräte an atomaren Waffen ermöglichen noch immer, nach verschiedenen Abrüstungsabkommen, einen Overkill der gesamten Menschheit. Und die Gefahr, dass diese Waffen in die Hände von Fanatikern und/oder gewissenlosen Verbrechern geraten, ist in der letzten Zeit sehr gewachsen. Aber auch die Risiken der so genannten friedlichen Nutzung der Atomenergie sind in ihren Ausmaßen kaum abzuschätzen. Schließlich soll hier noch auf die ungeklärten möglichen Folgen der Gentechnologie hingewiesen werden. Die wissenschaftlich-technische Erforschung und Erprobung der genetischen Manipulation, einschließlich des Klonens von Menschen, wird sich nicht aufhalten lassen. Es wird darauf ankommen, dass die Philosophen aller Länder und Weltteile ihre Potenziale und Kräfte zusammenfassen, um wenigstens zu artikulieren, wo die ethischen und vernünftigen Grenzen des Gebrauchs solcher Energien und Technologien verlaufen.

Die Zusammenfassung der philosophischen Potenziale aller Kulturen im Wege von Dialogen setzt voraus, dass in jeder Philosophie einer Kultur ein Grundwissen von den Philosophien der anderen Kulturen vorhanden ist und gepflegt wird.

Es ist leicht ersichtlich, dass im bisherigen Diskurs zum Philosophiebegriff und zur Philosophiegeschichte primär von den Voraussetzungen der kontinentalen europäischen Philosophie und den von hier aus geführten Dialogen mit den Philosophien anderer Kulturen ausgegangen worden ist. Abschließend möchte ich noch einmal den afrikanischen Philosophen Odera Oruka zu Wort kommen lassen, der sich in seinem Philosophieverständnis einerseits auf die angelsächsisch geprägte Philosophie beruft, wie sie seit dem Ende des Zweiten Weltkrieges bis in die Achtzigerjahre des 20. Jahrhunderts vorherrschend ist, und andererseits, wie oben genauer aufgezeigt, auf die Tradition der afrikanischen »sages«. Er steht also für einen im bisherigen Diskurs weniger herangezogenen Traditionszusammenhang der europäisch-westlichen Philosophie und für den Versuch, von diesem aus oder auf diesen hin die Relevanz der afrikanischen philosophischen Tradition sichtbar zu machen. Die Erörterung seines Philosophieverständnisses bildet eine aufschlussreiche Fallstudie, welche die bisherigen, stärker prinzipiellen Überlegungen ergänzen soll.

Nun hat es in der europäisch-westlichen Ausübung des Faches Philosophie vierzig Jahre gedauert, bis das Schisma zwischen kontinentaleuropäischer und britisch-nordamerikanischer Philosophie überwunden worden ist. Es wird also vermutlich auch eine längere Zeitperiode erforderlich sein, bevor die europäisch-westliche Philosophie sich in ihren offiziellen Institutionen und in ihrer Breite für die Philosophien anderer Kulturen öffnet. Orukas Bestimmung der Philosophie und des Umgangs mit ihrer Geschichte, die in Hinsicht auf ihre Orientierung an einer spezifisch angelsächsischen Ausübung der Philosophie bereits einer vergangenen Periode angehört, kann für die Zukunftsaufgabe der Öffnung der Philosophien verschiedener Kulturen füreinander durchaus von Bedeutung sein. Was den Umgang mit der Geschichte der eigenen Philosophie betrifft, steht Oruka mit der ihm eigenen Entschiedenheit auf der Seite der soeben skizzierten interkulturellen philosophischen Position. Das hört sich im Originalton so an: »Wenn die Vergangenheit [...] ihm [dem Afrikaner] Weisheit anbieten kann, um die Zukunft zu bewältigen, gut und schön. Aber wenn sie das nicht kann, dann zur Hölle mit der [philosophischen] Weisheit der Vergangenheit [...]. Es gibt eine Menge in der Vergangenheit, das wir um der Zukunft willen aufopfern müssen.«[186]

In der Bestimmung dessen, was Philosophie ist, betont Odera Oruka ihre enge Verbindung mit den Wissenschaften, insbesondere den exakten Naturwissenschaften. Er stimmt dem Argument zu, es sei »die Hauptaufgabe der Philosophie [...], die Natur und die Bedingungen der Möglichkeit von Wissenschaft zu bestimmen«. Später präzisiert und modifiziert er diesen

Standpunkt dahingehend, dass es die Aufgabe der Philosophie ist, die Grundlagen der Wissenschaften zu klären. Das kann nach dieser Auffassung Orukas die Philosophie nur leisten, wenn sie auch ihre eigenen Annahmen immer wieder infrage stellt.[187] Grundsätzlich gilt: »Im exakten Sinn ist Philosophie eine rationale und kritische Reflexion auf den Menschen, die Gesellschaft und die Natur.« Wenn er sagt, eine »Beschreibung« sei deshalb nicht genug, lässt er offensichtlich die spezifischen Möglichkeiten der auf das Wesen gerichteten phänomenologischen Beschreibung außer Acht. Wenn es sich um die Philosophie einer bestimmten Gemeinschaft handelt, die nicht von einem individuellen Philosophen konzipiert ist, handelt es sich allenfalls um Philosophie in einem herabgesetzten Sinn (in a debased sense).

Dieser frühe, einseitig am angelsächsisch geprägten Philosophieverständnis orientierte Philosophiebegriff Orukas führt zu einigen recht problematischen Positionen. Dazu gehört, dass er religiös gebundene Philosophien nicht als solche anerkennt. Zwischen Mythologie und Philosophie sieht er eine tiefe Kluft. Das sicher mit einigen nicht adäquaten Voraussetzungen belastete, aber im Ergebnis für die afrikanische Philosophie positive Unternehmen von Placide Tempels, der als Europäer die Philosophie der Bantu aus der Sprache, Mythologie und den Gebräuchen eines Bantu-Volkes rekonstruiert, kann Oruka nur rundheraus ablehnen. Und im Hinblick auf die von ihm entdeckte Philosophie der »sages« sieht er sich veranlasst, wie oben schon angemerkt, eine nicht sehr überzeugende Unterscheidung zwischen »folk sages« und »philosophical sages« einzuführen, wobei nur die Letzteren seinem einseitigen Kriterienkatalog entsprechen. Indessen – und das ist der Gewinn der ansonsten problematischen Argumente – gilt: Wer selbst bei der Anwendung dieser äußerst eng gefassten Kriterien als Philosoph »im exakten

Sinn« klassifiziert wird, dem wird dieser Titel von niemandem mehr streitig gemacht werden können.

Schließlich gibt Oruka seinem Philosophieverständnis eine Wendung, die sein ethisches Engagement für die armen Länder innerhalb der Weltgesellschaft ermöglicht. Indem er die Philosophie von den Wissenschaften abgrenzt, betont er gerade für afrikanische Verhältnisse, dass sie neben ihrer Aufgabe, Grundlagenforschung zu betreiben, zum Entstehen und zum Ausbau einer »kulturellen Plattform« Wichtiges beitragen kann. Sie kann mithelfen, dass einem rein technologisch orientierten Entwicklungsbegriff eine kulturelle Dimension hinzugefügt wird, sodass ein »besseres« Leben sich nicht nur auf den materiellen Lebensstandard bezieht, sondern auch darauf, dass die Menschen »glücklicher, würdiger, im Umgang miteinander freundlicher, friedlicher und wohlhabender«[188] werden.

Das sind Ziele, die nicht einfach durch eine Modernisierung und Verwestlichung nichtwestlicher Länder erreicht werden können, sondern die Einflüsse in beide Richtungen, eine gemeinsame Arbeit der Philosophen aus verschiedenen Kulturen, voraussetzen.

Es wird deutlich geworden sein, dass sich interkulturelle Philosophie nicht ausschließlich am Schreibtisch oder vor dem PC entwickeln lässt. Aus diesem Grund habe ich von einer »Methodologie der Tat« gesprochen.[189] Westliche Philosophen müssen sich der anderen Kultur aussetzen, mit deren Philosophie sie in einen Dialog kommen wollen, indem sie längere Zeit am Ort und in der Umgebung der dortigen Kollegen am Prozess der Forschung und Lehre teilnehmen sowie umgekehrt mit diesen Kollegen am eigenen Ort und in der eigenen universitären Umgebung zusammenarbeiten. Das müsste auf die Dauer zu einem Austausch von Professoren, Dozenten und Studenten führen.

Die Arbeit der Gesellschaften und Stiftungen für interkulturelle Philosophie mit ihren Kongressen und Symposien sowie den wenigen bisher bestehenden Buchreihen und Zeitschriften, die zum Teil auch im Internet präsent sind, bilden in dieser Hinsicht nur einen Anfang.

Die offiziellen, auch mit entsprechenden Mitteln ausgestatteten europäisch-westlichen Wissenschaftsinstitutionen, auf dem europäischen Kontinent stärker als in den angelsächsischen Ländern, besonders den USA, geben der interkulturellen Dimension der Philosophie nur wenig Raum. Das hat zur Folge, dass die Beschäftigung mit buddhistischer und hinduistischer Philosophie zwar auf breiter Front, aber überwiegend in außeruniversitären Kontexten geschieht. Das gilt noch mehr für die islamische Philosophie, obwohl die Terroranschläge im September 2001, in denen der islamische Fundamentalismus für die Weltöffentlichkeit unübersehbar präsent ist, zu einer gründlicheren Beschäftigung herausgefordert haben. Die Dialoge mit lateinamerikanischer Philosophie bleiben am Rande offizieller akademischer Arbeit. Das Schlusslicht bilden afrikanische und andere traditionell primär mündlich überlieferte Philosophien.

Sofern vor allem die Letzteren zu einer Neubesinnung auf den Philosophiebegriff und die Philosophiegeschichte Anlass geben, wird ihre Einbeziehung vielleicht einen Umschlag herbeiführen, sodass die eurozentrische Orientierung überwunden und die Philosophie der heutigen Weltlage gerecht werden kann, die von der doppelten Bewegung der Globalisierung und Regionalisierung gekennzeichnet wird. Damit kehrt dieser Diskurs zu seinem Ausgangspunkt zurück.

Anhang

Anmerkungen

1 M. Heidegger, Aus einem Gespräch von der Sprache. Zwischen einem Japaner und einem Fragenden, in: ders., Unterwegs zur Sprache, Pfullingen 1959, S. 83-155.

2 H. Kimmerle, Die Dimension des Interkulturellen. Philosophie in Afrika – afrikanische Philosophie. Zweiter Teil: Supplemente und Verallgemeinerungsschritte, Amsterdam / Atlanta/GA 1994, S. 131.

3 R. A. Mall, Philosophie im Vergleich der Kulturen. Eine Einführung in die interkulturelle Philosophie, Bremen 1992, S. 10.

4 Vgl. H. Kimmerle, Philosophien der Differenz. Eine Einführung, Würzburg 2000, bes. S. 46-49.

5 Vgl. R.A. Mall, Interkulturelle Philosophie und die Historiographie, in: M. Brocker/H. Nau (Hg.), Ethnozentrismus. Möglichkeiten und Grenzen des interkulturellen Dialogs, Darmstadt 1997, S. 69-89. Vgl. zur Durchführung dieses Postulats: F. M. Wimmer, Interkulturelle Philosophie. Geschichte und Theorie, Bd. 1, Wien 1990.

6 Vgl. F.M. Wimmer, Interkulturelle Philosophie – Vom Dilemma der Kulturalität zum Polylog, Wien 2001, S. 3-5.

7 Vgl. R. Fornet-Betancourt, Einführung, in: ders. (Hg.), Armut im Spannungsfeld zwischen Globalisierung und dem Recht auf eigene Kultur. Dokumentation des VI. Internationalen Seminars des philosophischen Dialogprogramms, Frankfurt/M. 1998, S. 8.

8 Vgl. ders., Lateinamerikanische Philosophie zwischen Inkulturation und Interkulturalität, Frankfurt/M. 1997, S. 102-105.

9 J. van Brakel, Interculturele communicatie en multiculturalisme. Enige filosofische voorbeschouwingen, Assen 1998, S. VII f.

10 Vgl. J. Loenhoff, Interkulturelle Verständigung. Zum Problem grenzüberschreitender Kommunikation, Opladen 1992.

11 R.A. Mall, Philosophie im Vergleich der Kulturen, a.a.O., S. 74-108, bes. S. 87, 90-93. Vgl. H.-G. Gadamer, Wahrheit und Methode. Grundzüge einer philosophischen Hermeneutik, Tübingen 1961, S. 279-283.

12 Vgl. B. Waldenfels, Topographie des Fremden. Studien zur Phänomenologie des Fremden I, Frankfurt/M. 1997, bes. S. 35-37: »Steigerungsgrade des Fremdseins«, zum Folgenden S. 110-144.

13 E. Levinas, Die Spur des Anderen. Untersuchungen zur Phänomenologie und Sozialphilosophie, übers. von W.N. Krewani, Freiburg/München 1983, S. 209-235.

14 Vgl. J. Kristeva, Fremde sind wir uns selbst, übers. von X. Rajewsky, Frankfurt/M. 1990, bes. S. 184-210. Vgl. zu dem kritischen Argument gegen die paradoxe Universalität des radikal »Fremden in uns«: B. Waldenfels, Topographie des Fremden, a.a.O., S. 40-42; H. Kimmerle, Philosophien der Differenz, a.a.O., S. 192-195.

15 Vgl. H. Münkler/K. Meßlinger/B. Ladewig (Hg.), Die Herausforderung durch das Fremde, Berlin 1998, S. 23.

16 M. Duala-M'bedy, Xenologie. Die Wissenschaft vom Fremden und die Verdrängung der Humanität in der Anthropologie, Freiburg/München 1977, S. 19.

17 Vgl. ders. (Hg.), Das Begehren des Fremden. Tagungsergebnisse 1991 des Kaiserswerther Instituts für Xenologie, Essen 1992.

18 Vgl. E. Holenstein, Kulturphilosophische Perspektiven. Schulbeispiel Schweiz. Europäische Identität auf dem Prüfstand. Globale Verständigungsmöglichkeiten, Frankfurt/M. 1998, S. 11-43, 257-312, bes. S. 274, 277, 279.

19 D. Senghaas, Interkulturelle Philosophie in der Welt von heute, in: ders., Zivilisierung wider Willen. Der Konflikt der Kulturen mit sich selbst, Frankfurt/M. 1998, S. 27-49, auch zum Folgenden.

20 Vgl. S.P. Huntington, Kampf der Kulturen. The Clash of Civilizations. Die Neugestaltung der Weltpolitik im 21. Jahrhundert, München/Wien 1996.

21 Vgl. H. Kimmerle, Universale Erkenntnis a posteriori. Das Universum und die Menschenrechte, in: ders., Die Dimension des Interkulturellen, a.a.O., S. 145-152.

22 D. Senghaas, Interkulturelle Philosophie in der Welt von heute, a.a.O.

23 Vgl. E. Loko/Th. Schönauer (Hg.), Afrikanisch-Europäische Inspiration/Inspiration Afro-Européenne, Rees 1993.

24 Vgl. zu dieser Serie von Ausstellungen interkultureller Kunst: C. Jacobs, Nicht-westliche Kunst in westlichen Museen: Verschiebungen in einem interkulturellen Dialog, in: H. Kimmerle (Hg.), Das Multi-

versum der Kulturen. Beiträge zu einer Vorlesung im Fach »Interkulturelle Philosophie« an der Erasmus Universität Rotterdam, Amsterdam/Atlanta/GA 1996, S. 195-217.

25 Vgl. H. Kimmerle, Philosophie in Afrika – afrikanische Philosophie. Annäherungen an einen interkulturellen Philosophiebegriff, Frankfurt/M. 1991, S. 163-172, 184-190; ders., Art and Philosophy in the Development of Sub-Saharan Africa, in: International Sociology 7, 1992, S. 173-186.

26 Vgl. H. Jonas, Das Prinzip Verantwortung, Frankfurt/M. 1984.

27 Vgl. A. Huxley, Schöne neue Welt, übers. von H.E. Herlitschka, Frankfurt/M. 1953 (Originalausgabe 1932); ders., Dreißig Jahre danach oder Wiedersehen mit der wackeren neuen Welt, übers. von H.E. Herlitschka, München 1959.

28 Vgl. W. van den Daele, Mensch nach Maß? Ethische Probleme der Genmanipulation und Gentherapie, München 1985.

29 Vgl. den »COMPAS Newsletter for endogenous development«, Leusden, Nr. 1, Februar 1999.

30 Vgl. G. Böhme, Weltweisheit, Lebensform, Wissenschaft. Eine Einführung in die Philosophie, Frankfurt/M. 1994, S. 131-153, Hinweise auf weitere Literatur zu diesem Thema: S. 382f.

31 Vgl. H. Küng, Projekt Weltethos, München/Zürich 1990; siehe zum Folgenden S. 123-127, 158-161.

32 Die Einbeziehung des Animismus wird in dem Text begründet: H. Kimmerle, Entgeistert. Ein Essay über den Verlust des Geisterglaubens und den Wirklichkeitsstatus der Welt der Geister, Zoetermeer 2001, der primär für eine Veröffentlichung im Internet (http://kimmerle.op.het.net) geschrieben worden ist.

33 Vgl. J. Fabian, Religious and Secular Colonization: Common Ground, in: History and Anthropolgy 4, 1990, S. 339-355.

34 G. ter Haar, Standing up for Jesus. A survey of new developments in Christianity in Ghana, in: Exchange 23, 1994, S. 221-240, bes. S. 221.

35 Vgl. G. Brand, The Nature of Salvation. A Typology of Existing Approaches, in: Exchange 28 (1999), S. 1-20. Brand stützt sich u.a. auf: G. Wilmore/J. Cone (Hg.), Black Theology. A Documentary History 1966-1979, Maryknoll 1979; J. Parrat (Hg.), A Reader in African Christian Theology, London 1997.

36 Vgl. K. Helfrich u.a., Asmat. Mythos und Kunst im Leben mit den Ahnen, Berlin 1996.

37 Vgl. Schmuckmuseum Pforzheim / H. Kuebler / F. Falk (Hg.), Ife, Akan und Benin. Westafrikanische Kunst in 2000 Jahren. Gold – Bronzen – Terrakotten, Stuttgart 2000.

38 Vgl. G. Ferraro, Cultural Anthropology. An Applied Perspective, St. Paul/MN u.a. 1992, S. 25-27.

39 Vgl. K. Wiredu, Cultural Universals and Particulars. An African Perspective, Bloomington / Indianapolis 1996, S. 1f.

40 Vgl. C. Geertz, Anti Anti-relativism, in: American Anthropologist 86, 1984, S. 263-278.

41 Ders., The Interpretation of Cultures. Selected Essays (1973), London 1993, S. 3-30.

42 Vgl. J. Hoogland, Over de zin van een interculturele filosofie, in: Tijdschrift voor Filosofie 58, 1996, S. 519-544, bes. S. 537.

43 Vgl. E. Bloch, Tübinger Einleitung in die Philosophie 1, Frankfurt/M. 1963, S. 160-203, bes. S. 175-176. Die hier folgenden Ausführungen übernehmen großenteils den Text der von mir verfassten »Prolegomena« zu dem Band: H. Kimmerle (Hg.), Das Multiversum der Kulturen, a.a.O., S. 9-29.

44 Th. W. Adorno, Negative Dialektik, 3. Aufl., Frankfurt/M. 1982, S. 314.

45 W. Capelle, Die Vorsokratiker. Fragmente und Quellenberichte, 4. Aufl., Stuttgart 1953, S. 164.

46 Vgl. Platon, Kratylos, 1b3 u.ö.

47 Vgl. M. Heidegger, Europa und die deutsche Philosophie (1936), in: H.-H. Gander (Hg.), Europa und die Philosophie, Frankfurt/M. 1993, S. 31-41.

48 Vgl. H. Odera Oruka, Sage Philosophy. Indigenous Thinkers and Modern Debate on African Philosophy, Leiden u.a. 1990; A. Hampaté Bâ, Vie et enseignement de Tierno Bokar. Le Sage de Bandiagara, Paris 1980.

49 Vgl. K. Gyekye, An essay on African philosophical thought. The Akan conceptual scheme, 2. Aufl., Philadelphia 1995; G.J. Wanjohi, The Wisdom and Philosophy of the Gikuyu Proverbs. The Kihooto World-View, Nairobi 1997.

50 Vgl. S. Gbadegesin, African Philosophy. Traditional Yoruba Philoso-

phy and Contemporary African Realities, New York u.a. 1991; S.B. Oluwole, Philosophy and Oral Tradition, Ikeja 1997.

51 Vgl. R. Fornet-Betancourt, Lateinamerikanische Philosophie zwischen Inkulturation und Interkulturalität, a.a.O., bes. S. 80, 150f., 161-165.

52 Hg. von R. Moritz/H. Rüstau/G.-R. Hoffmann, Berlin 1988.

53 Vgl. die Hegel-Zitate in: K. Rosenkranz, Hegel's Leben, Berlin 1844, S. 189f.; G.W.F. Hegel, Gesammelte Werke, hg. im Auftrag der Deutschen Forschungsgemeinschaft, Bd. 4: Jenaer Kritische Schriften, hg. von H. Buchner/O. Pöggeler, Hamburg 1968, S. 12.

54 Vgl. U. Libbrecht, Inleiding Comparatieve filosofie II. Culturen in het licht van een comparatief model, Assen 1999, S. 472.

55 Zit. nach: R. Moritz/H. Rüstau/G.-R. Hoffmann (Hg.), Wie und warum entstand Philosophie, a.a.O., S. 7.

56 F.M. Wimmer, Interkulturelle Philosophie, a.a.O., S. 14. (Hervorhebung von mir, HK)

57 Ebenda, S. 21.

58 Ebenda, S. 33f.

59 Vgl. ebenda, S. 80 ff., 73 ff.

60 A. Figl, Immanuel Kant und die wissenschaftliche Weihe des Rassismus, in: Zeitschrift für Afrikastudien, Nr. 13/14, 1992, S. 10.

61 I. Kant, Zum ewigen Frieden, in: Kants Werke. Akademie-Textausgabe (=AA), Bd. 8, Berlin 1968, S. 354f.

62 Ders., Bestimmung des Begriffs einer Menschenrace, in: AA, Bd. 8, S. 93.

63 Ders., Physische Geographie, hg. von F.Th. Rink, in: AA, Bd. 9, S. 316.

64 Ders., Von den verschiedenen Racen der Menschen, in: AA, Bd. 2, S. 438.

65 Ders., Physische Geographie, a.a.O., S. 316.

66 Ebenda, S. 313.

67 A. Figl, Immanuel Kant und die wissenschaftliche Weihe des Rassismus, a.a.O., S. 22.

68 Vgl. F.M. Wimmer, Rassismus und Kulturphilosophie«, in: G. Heiß u.a. (Hg.), Willfährige Wissenschaft. Die Universität Wien 1938-1945, Wien 1989, S. 111, Anm. 45: Zum Thema Afrika »verzeichnet Johann Samuel Ersch, ›Literatur der Geschichte und ihrer Hülfswissenschaf-

ten seit der Mitte des 18. Jahrhunderts bis auf die neueste Zeit‹ (Leipzig 1827) [...] für den Zeitraum von 1750 bis 1790 (in etwa Kants Lesezeit) 26 Werke im deutschen Buchhandel.«

69 Vgl. P.J. Hountondji, Afrikanische Philosophie. Mythos und Realität, hg. von G.R. Hoffmann, Berlin 1993 (franz. Originalausgabe 1977), S. 123-148: »Ein afrikanischer Philosoph im Deutschland des 18. Jahrhunderts: Anton Wilhelm Amo.«

70 Vgl. G.W.F. Hegel, Grundlinien der Philosophie des Rechts, hg. von J. Hoffmeister, 4. Aufl., Hamburg 1955, §§ 243-245. Die Nachweise zu diesem Werk werden in Paragraphen angegeben, weil die Paragrapheneinteilung in den verschiedenen Ausgaben übereinstimmt.

71 Vgl. ders., Vorlesungen über die Philosophie der Weltgeschichte, Bd. 1: Die Vernunft in der Geschichte, hg. von J. Hoffmeister, 5. Aufl., Hamburg 1966, S. 192, 212.

72 Ebenda, S. 191.

73 Ebenda, S. 228.

74 Ebenda, S. 227.

75 Ders., Vorlesungen über die Philosophie der Religion, Bd. 2: Die Naturreligion, hg. von G. Lasson, Hamburg 1966, S. 77-119.

76 Ders., Vorlesungen über die Philosophie der Weltgeschichte, Bd. 1, a.a.O., S. 220-222.

77 Vgl. ebenda, S. 224 f.

78 Vgl. H. Kimmerle, Die Dimension des Interkulturellen, a.a.O., darin: Hegel und Afrika. Das Glas zerspringt, S. 85-112, bes. S. 97 f.

79 F. Nietzsche, Nachgelassene Fragmente, in: ders., Sämtliche Werke, hg. von G. Colli / M. Montinari, Berlin / New York 1980, Bd. 7, S. 106.

80 Vgl. ders., Also sprach Zarathustra, in: ders., Sämtliche Werke, a.a.O., Bd. 4, S. 23, 41, 270-277, 288-291 u.ö.

81 Vgl. ders., Die Philosophie im tragischen Zeitalter der Griechen, in: ders., Sämtliche Werke, a.a.O., Bd. 1, S. 799-872, bes. S. 806.

82 Vgl. M. Heidegger, Europa und die deutsche Philosophie, a.a.O., S. 33-35.

83 Vgl. ders., Aus einem Gespräch von der Sprache, a.a.O.; vgl. auch: T. Tezuka, Eine Stunde mit Heidegger; ders., Eine von den »Drei Antworten«, beide in: F. Vetsch, Martin Heideggers Angang der interkulturellen Auseinandersetzung, Würzburg 1992, S. 189-197.

84 Vgl. J. Derrida, Grammatologie, übers. von H.J. Rheinberger/H. Zischler, Frankfurt/M. 1974, S. 173-243.

85 Vgl. ders., La crise de l'enseignement philosophique, in: ders., Du droit à la philosophie, Paris 1990, S. 155-170.

86 Vgl. G. Ferraro, Cultural Anthropology, a.a.O., S. 32.

87 Vgl. V.Y. Mudimbe, The Invention of Africa. Gnosis, Philosophy, and the Order of Knowledge, Bloomington/Indianapolis 1988, Kapitel 1-3.

88 Vgl. G.W.F. Hegel, Über die unter dem Namen Bhagavad-Gita bekannte Episode des Mahabharata von Wilhelm von Humboldt, in: ders., Werke in zwanzig Bänden, hg. von E. Moldenhauer/K.M. Michel, Bd. 11: Berliner Schriften. 1818-1831, Frankfurt/M. 1970, S. 131-204.

89 Eine neue Auflage dieses Buches trägt den Titel: The origins of culture, 2 Bde., hg. von P. Radin, New York 1958; s. zum Folgenden Bd. 2, S. 195.

90 Vgl. L. Lévy-Bruhl, L'Ame primitive (1921), Paris 1963.

91 V.Y. Mudimbe, The Invention of Africa, a.a.O., S. 82, 19f.

92 Vgl. M. Leiris, Das Auge des Ethnographen. Ethnologische Schriften, Bd. 2, übers. von R. Wintermeyer, hg. von H.-J. Heinrichs, Frankfurt/M. 1985.

93 Vgl. M. Griaule, Dieu d'eau. Conversations avec Ogotemmêli, Paris 1966.

94 J. Derrida, Grammatologie, a.a.O., S. 178-243, bes. S. 193.

95 Vgl. J. Fabian, Time and the Other. How Anthropolgy Makes Its Object, New York 1983.

96 Vgl. G. Ferraro, Cultural Anthropology, a.a.O., S. 107-126, 261-300; R.M. Keesing, Cultural Anthropology. A Contemporary Perspective, 2. Aufl., New York u.a. 1981, S. 76-90, 316-347.

97 Vgl. P. Radin, Primitive Man as Philosopher, New York/London 1927.

98 Vgl. K. Gyekye, An essay on African philosophical thought, a.a.O.; G.J. Wanjohi, The Wisdom and Philosophy of the Gikuyu Proverbs, a.a.O.

99 Vgl. H. Odera Oruka, Sage Philosophy, a.a.O.; A. Hampaté Bâ, Vie et enseignement de Tierno Bokar, a.a.O.

100 Vgl. G.W.F. Hegel, Über die unter dem Namen Bhagavad-Gita bekannte Episode, a.a.O.; s. zum Folgenden bes. S. 133, 142f., 190f.

101 Vgl. ders., Gesammelte Werke, Bd. 19: Enzyklopädie der philosophischen Wissenschaften im Grundrisse (1827), hg. von W. Bonsiepen / H.-Ch. Lucas, Hamburg 1989, S. 408 f.

102 Vgl. R. Ohashi (Hg.), Die Philosophie der Kyoto-Schule. Texte und Einführungen, München / Freiburg 1990.

103 Vgl. J.L. Mehta, India and the West. The Problem of Understanding, Chico/CA 1985; Y. Masih, Comparative Study of Religion, Neu Delhi 1990; P.T. Raju, Introduction to Comparative Philosophy, Neu Delhi 1992.

104 Vgl. Y.C. Ting, A Way towards the Confrontation between Heidegger and Lao tzu. The Approach through Language, Diss., Louvain-la-Neuve 1990; Cheng Chung-ying, Remarks on Onto-Theo-Logical Formations of Language in Heidegger and Lao Tzu, in: Journal of Chinese Philosophy 5, 1978, S. 335-340; B. Gupta, Buddha and Hume. A popular comparison revisited, in: International Philosophical Quarterly 17, 1977, S. 135-146.

105 Vgl. Mao Tsetung, Kritik an Liang Schu-mings reaktionären Ideen (1953), in: ders., Ausgewählte Werke, Bd. 5, Peking 1978, S. 134-144; ders., Verblichener Geist des Konfuzius. Wunschträume neuer Zaren, Peking 1974; ders., Kritik an Lin Biao und Konfuzius. Ausgewählte Artikel, 2 Bde., Peking 1975.

106 Vgl. U. Libbrecht, Inleiding. Comparatieve Filosofie, Bd. 2: Culturen in het licht van een comparatief model, Assen 1999, S. 606 f.

107 Vgl. ders., Inleiding. Comparatieve Filosofie, Bd. 1: Opzet en ontwikkeling van een comparatief model, Assen 1995, S. 13 f.

108 Vgl. ders., Inleiding. Comparatieve Filosofie, Bd. 2, a.a.O, S. 4, 147.

109 Vgl. ebenda, S. XIII, 150 - 252, 331 - 362.

110 Ders., Inleiding. Comparatieve Filosofie, Bd. 1, a.a.O., S. 16.

111 Vgl. M. Leiris, Das Auge des Ethnographen, a.a.O., S. 29 - 35.

112 Vgl. M. Buber, Das dialogische Prinzip, 5. Aufl., Heidelberg 1984.

113 Vgl. H.-G. Gadamer, Wahrheit und Methode, a.a.O., S. 359 f.

114 G. Böhme, Platons theoretische Philosophie, Stuttgart / Weimar 2000, S. 1-3, 100 - 109, vgl. auch zum Folgenden.

115 Vgl. polylog. Zeitschrift für interkulturelles Philosophieren, hg. von der Wiener Gesellschaft für interkulturelle Philosophie, 1998 ff.; polylog (online). Forum für interkulturelles Philosophieren / Forum for Intercultural Philosophizing, 2000 ff.

116 Pfad zur Erleuchtung. Buddhistische Grundtexte, übers. und hg. von H. von Glasenapp, Düsseldorf/Köln 1978, S. 15 f.

117 Vgl. S. Cho, Selbstlosigkeit. Zu einer buddhistischen Vision von sozialer Gerechtigkeit, in: polylog. Zeitschrift für interkulturelles Philosophieren, Nr. 6, 2000, S. 30-37, vgl. auch zum Folgenden.

118 D. Tiemersma (Hg.), Advaita Vedanta. De vraag naar het zelf-zijn. Symposium 2000, Gouda/Rotterdam 2001, S. 104.

119 Vgl. ders., De actuele betekenis van de Advaita Vedanta, in: ders. (Hg.), Advaita Vedanta, a.a.O., S. 37-52; ders., Ankündigung des Advaita-Symposiums 2001, De ander en ik: eenheid en scheiding in westerse, joodse en upanishadische tradities, in: ders. (Hg.), Advaita Vedanta, a.a.O., S. 123.

120 H. Kimmerle, Philosophie in Afrika – afrikanische Philosophie. Annäherungen an einen interkulturellen Philosophiebegriff, Frankfurt/M. 1991, S. 8.

121 Vgl. H. von Glasenapp, Die fünf Weltreligionen. Hinduismus, Buddhismus, Chinesischer Universismus, Christentum, Islam, Kreuzlingen/München 1963; Nachdruck München 2001, vgl. zum Folgenden S. 152-154.

122 S. oben (in Anm. 31 und 32) die etwas vollständigere Aufzählung von H. Küng und meine kritische Ergänzung.

123 Vgl. R.E. Allinson (Hg.), Understanding the Chinese Mind. The Philosophical Roots, Hongkong 1989.

124 Vgl. ebenda, S. 1, vgl. zum folgenden Absatz S. 11, 13, 23, vgl. dazu auch S. 266-271, 290 f.

125 Vgl. ebenda, S. 46 f.

126 Ebenda, S. 167, 178-180, 203-206.

127 Ebenda, S. 209, 225-227.

128 Vgl. oben Anm. 105.

129 H. Roetz, Konfuzius, München 1995, S. 8.

130 W. Tomaschitz, Nishida als Kulturphilosoph. Zu R. Elberfeld: Kitaro Nishida, in: polylog, Nr. 5, 2000, S. 82 f.

131 K. Nishida, Die Logik des Ortes. Der Anfang der modernen Philosophie in Japan, übers. und hg. von R. Elberfeld, Darmstadt 1999.

132 Vgl. R. Elberfeld, Kitaro Nishida (1870-1945). Moderne japanische Philosophie und die Frage nach der Interkulturalität, Amsterdam/Atlanta/GA 1999, S. 113 f., 212-219.

133 R. Ohashi, Reflexion der nicht-europäischen Moderne, in: R.A. Mall/D. Lohmar (Hg.), Philosophische Grundlagen der Interkulturalität, Amsterdam/Atlanta/GA 1993, S. 147-158.

134 Vgl. ders., The Japanese »Art Way« (dô). Sensus communis in the Context of the Question of a Non-Western Concept of Modernity, in: H. Kimmerle/H. Oosterling (Hg.), Sensus communis in Multi- and Intercultural Perspective. On the Possibility of Common Judgments in Arts and Politics, Würzburg 2000, S. 53-59.

135 Vgl. ebenda, S. 54-56, vgl. zum folgenden Absatz auch S. 56-59.

136 Vgl. M. Seel, Ästhetik der Natur, Frankfurt/M. 1991, S. 168 f.

137 Vgl. M.S. al-Ashmawy, Islam and the Political Order, Washington/DC 1994, vgl. zum Folgenden S. 11 und das Vorwort (S. 1-9) von George F. McLean.

138 Vgl. B. Russell, A History of Western Philosophy (1949), London 1984, S. 413-421.

139 Vgl. N.H. Abu Zayd, Der Begriff von »Gerechtigkeit« nach dem Koran, in: polylog, Nr. 6, 2000, S. 38-52, vgl. zum folgenden Absatz bes. S. 42-45.

140 Ebenda, S. 46-49.

141 Vgl. ebenda, S. 50-52.

142 Vgl. Y. Ceylan, Islam and Global Dialogue, in: H. Kimmerle/H. Oosterling (Hg.), Sensus communis in Multi- and Intercultural Perspective, a.a.O., S. 129-140; vgl. auch zu den folgenden Absätzen.

143 Vgl. R. Fornet-Betancourt, Philosophie und Theologie der Befreiung, mit einem Vorwort von E. Dussel, Frankfurt/M. 1988.

144 Vgl. H. Schelkshorn, Diskurs und Befreiung. Studien zur philosophischen Ethik von Karl-Otto Apel und Enrique Dussel, Amsterdam/Atlanta/GA 1997, S. 23-26.

145 Ebenda, S. 5, 11-15, 31-33.

146 Vgl. E. Dussel, Ethische Prinzipien und Ökonomie aus der Perspektive der »Ethik der Befreiung«, in: polylog, Nr. 6, 2000, S. 17-29, vgl. zum Folgenden in diesem und dem nächsten Absatz bes. S. 17-21.

147 Vgl. J. Habermas, Theorie des kommunikativen Handelns, 2 Bde., Frankfurt/M. 1981.

148 E. Dussel, Ethische Prinzipien und Ökonomie, a.a.O., S. 22-25.

149 Ebenda, S. 28 f.

150 Vgl. J. Derrida, Grammatologie, a.a.O., S. 173-207.

151 Vgl. H. Kimmerle, The Philosophical Text in the African Oral Tradition. The Opposition of Oral and Literate and the Politics of Difference, in: H. Kimmerle / F. M. Wimmer (Hg.), Philosophy and Democracy in Intercultural Perspective / Philosophie et démocratie en perspective interculturelle, Amsterdam / Atlanta / GA 1997, S. 43 - 56.

152 Die erste Veröffentlichung erfolgte in französischer Sprache: P. Tempels, La Philosophie bantoue, Elisabethville 1945. Eine deutsche Übersetzung (Bantu Philosophie. Ontologie und Ethik) erschien 1956 in Heidelberg.

153 Vgl. G. Blocker, African Philosophy, in: African Philosophical Inquiry 1, 1987, S. 1-7.

154 Vgl. P.J. Hountondji, Afrikanische Philosophie. Mythos und Realität, hg. von G.-R. Hoffmann, übers. von Ch. Neugebauer / F. M. Wimmer, Berlin 1993.

155 Vgl. zu den Texten von Gyekye und Wanjohi Anm. 49, zu denen von Gbadegesin und Oluwole Anm. 50.

156 Vgl. H. Odera Oruka, Sage Philosophy. Indigenous Thinkers and Modern Debate on African Philosophy, a. a. O.

157 Vgl. A. Hampaté Bâ, Vie et enseignement de Tierno Bokar. Le Sage de Bandiagara, a. a. O.

158 Vgl. H. Kimmerle, Afrika in Amerika, in: ders., Die Dimension des Interkulturellen, a. a. O., S. 43 - 75.

159 Vgl. R. Horton, Traditional thought and the emerging African Philosophy Departments, in: Second Order VI, 1977, S. 64 - 80.

160 Vgl. C. Sumner, The Source of African Philosophy: The Ethiopian Philosophy of Man, Stuttgart 1986, S. 32 - 37.

161 Ebenda, S. 113.

162 Vgl. ebenda, S. 37 - 40, vgl. auch zum ersten Teil des folgenden Absatzes.

163 Ebenda, S. 131.

164 Vgl. The Speech of Chief Sealth (1854), hg. von H.A. Smith, Seattle 1887; Der Gesang des Schwarzen Bären. Lieder und Gedichte der Indianer, hg. von W. Arens / H.-M. Braun, München 1992; American Indian Prophecies. Conversations with Chasing Deer, hg. von K. Kaltreider, Carlsbad / CA 1998.

165 Vgl. P.J. Hountondji (Hg.), Bilan de recherche philosophique afri-

caine. Répertoire alphabétique / Philosophical Research in Africa. A Bibliographical Survey, 2 Bde., Cotonou 1987.

166 Vgl. A. Diemer / P.J. Hountondji (Hg.), Africa and the problem of its identity / L'Afrique et le problème de son identité/Afrika und das Problem seiner Identität, Frankfurt/M. u.a. 1985.

167 Seit 1987 erscheint zunächst in Lusaka (Sambia) und ab 1991 in Groningen (Niederlande) halbjährlich die Zeitschrift *Quest. Philosophical Discussions. An International African Journal of Philosophy/Un Journal International Philosophique Africain.* 1989 startet ferner der *SAPINA Newsletter. A Bulletin of The Society for African Philosophy in North America*, der sich 1996 zu einer Zeitschrift mausert und ab 1999 die Begrenzung auf Nordamerika überschreitet und in Basingstoke (Großbritannien) unter dem Titel *African Philosophy* veröffentlicht wird. Von 1989 bis 1997 haben an der Erasmus Universität Rotterdam im Abstand von zwei Jahren regelmäßig Symposien afrikanischer und niederländischer sowie belgischer und deutscher Philosophen stattgefunden, deren Ergebnisse in den *Schriften zur Philosophie der Differenz* (Bd. 3, Amsterdam und Bd. 8, Würzburg) sowie in den *Studien zur interkulturellen Philosophie* (Bde. 3 und 4 Amsterdam / Atlanta / GA) veröffentlicht sind. Schließlich erwähne ich noch den von Herta Nagl-Docekal und Franz M. Wimmer herausgegebenen Sammelband *Postkoloniales Philosophieren: Afrika* (1992). Von afrikanischen Philosophen in Afrika und in den USA ist eine Reihe von Readern zur afrikanischen Philosophie zusammengestellt worden.

168 Vgl. H. Odera Oruka, Philosophy of Foreign Aid: A Question of the Right to a Human Minimum (1989); Ecophilosophy and the Parental Earth Ethics (On the Complex Web of Being) (1994), beide in: A. Graness / K. Kresse (Hg.), Sagacious Reasoning. Henry Odera Oruka in memoriam, Frankfurt/M. u.a. 1997, S. 47-59, 119-131. Der erste Artikel ist auch in deutscher Übersetzung erschienen, vgl.: polylog, Nr. 6, 2000. Diesen Text zitiere ich nach der deutschen Übersetzung.

169 Ebenda, S. 7; für das »principle of national supererogation« habe ich eine eigene Übersetzung gewählt.

170 Vgl. ebenda, S. 8-15; vgl. zum folgenden Absatz S. 15 f.

171 U. Lölke, Parental Care as a Principle of Development, in: A. Graness / K. Kresse (Hg.), Sagacious Reasoning, a.a.O., S. 219-231.

172 Vgl. ders., Kritische Traditionen. Afrika. Philosophie als Ort der Dekolonisation, Frankfurt/M. 2001, S. 5, 116, 169-218.

173 Vgl. K. Gyekye, Tradition and Modernity. Philosophical Reflections on the African Experience, New York/Oxford 1997, S. 219-232.

174 Vgl. K. Wiredu, The Need of Conceptual Decolonization in African Philosophy, in: ders., Cultural Universals and Particulars, a.a.O., S. 136-144.

175 J. Konaté, Aktualität der Philosophie in Afrika. Traditionen und wissenschaftlich-technischer Fortschritt, in: H. Nagl-Docekal/F.M. Wimmer (Hg.), Postkoloniales Philosophieren, a.a.O., S. 156-169; vgl. auch: U. Lölke, Kritische Traditionen, a.a.O., S. 116-119.

176 Vgl. M. Heidegger, Der Spruch des Anaximander, in: ders., Holzwege, Frankfurt/M. 1952, S. 296-343, bes. S. 336.

177 Vgl. ders., Europa und die deutsche Philosophie (1935), in: H.H. Gander (Hg.), Europa und die Philosophie, Frankfurt/M. 1993, S. 31-41.

178 D. Senghaas, Interkulturelle Philosophie in der Welt von heute, a.a.O., S. 48.

179 M. Heidegger, Europa und die deutsche Philosophie, a.a.O., S. 31.

180 G.W.F. Hegel, Differenz des Fichte'schen und Schelling'schen Systems der Philosophie (1801), in: ders., Gesammelte Werke, hg. im Auftrag der Deutschen Forschungsgemeinschaft, Bd. 4: Jenaer Kritische Schriften, a.a.O., S. 1-92, bes. S. 9, 12.

181 Vgl. ders., Der immer sich vergrößernde Widerspruch ... (1799/1800), in: ders., Werke in zwanzig Bänden, hg. von E. Moldenhauer/K.M. Michel, Bd. 1: Frühe Schriften, Frankfurt/M. 1971, S. 457-460.

182 Ders., Differenz des Fichte'schen und Schelling'schen Systems der Philosophie, a.a.O., S. 9-12, vgl. auch zum Folgenden.

183 Für die religiöse und philosophische Tradition des Ma'at im alten Ägypten gibt es mündliche und schriftliche Überlieferungen. Das wichtigste Zeugnis der Letzteren ist das *Ägyptische Totenbuch*, eine um 1550 v.Ch. verfertigte Sammlung von zum Teil viel älteren Sprüchen, die bis zu den Pyramiden-Texten von 2500 v.Chr. zurückreichen. Vgl. Das Totenbuch der Ägypter, übers. und eingel. von E. Hornung, Zürich 1979.

184 Die These von der schwarzafrikanischen Bevölkerung des alten

Ägypten ist von dem senegalesischen Philosophen, Historiker, Physiker und Politiker Cheikh Anta Diop (in Texten, die zwischen 1959 und 1981 erschienen sind) aufgestellt und vielfach sowohl bestritten als auch verteidigt worden. Die altägyptische Philosophie soll nicht nur für Afrika, sondern auch für das antike Griechenland und über die Griechen für Europa eine konstitutive Bedeutung haben. Vgl. L. Harding/B. Reinwald (Hg.), Afrika – Mutter und Modell der europäischen Zivilisation. Zur Rehabilitierung des Schwarzen Kontinents durch Cheikh Anta Diop, Berlin 1990.

185 Vgl. H.-G. Gadamer, Wahrheit und Methode, a.a.O.

186 H. Odera Oruka, Mythologies as African Philosophy (1972), in: A. Graness/K. Kresse (Hg.), Sagacious Reasoning, a.a.O., S. 24.

187 Vgl. ders., Philosophy and other Disciplines, in: A. Graness/K. Kresse (Hg.), Sagacious Reasoning, a.a.O., S. 35-45; vgl. zum Folgenden: ders., Ecophilosophy and the Parental Earth Ethics, a.a.O.

188 Ebenda, S. 43-45.

189 Vgl. H. Kimmerle, Afrikanische Philosophie als Weisheitslehre?, in: R.A. Mall/D. Lohmar (Hg.), Philosophische Grundlagen der Interkulturalität, a.a.O., S. 159-180.

Literaturhinweise

Abu Zayd, N. H., Der Begriff »Gerechtigkeit« nach dem Koran, in: polylog. Zeitschrift für interkulturelles Philosophieren 6, 2000, S. 38-52.

Ders., Islam und Politik. Zur Kritik des religiösen Diskurses, Frankfurt/M. 1996.

Adorno, Th.W., Negative Dialektik, Frankfurt/M. 1982.

Al-Ashmawy, M. S., Islam and the Political Order, Washington/DC 1994.

Allinson, R.E., An Overview of the Chinese Mind, in: ders. (Hg.), Understanding the Chinese Mind. The Philosophical Roots, Hongkong u.a. 1989, S. 1-25.

Arens, W./Braun, H.-M. (Hg.), Der Gesang des Schwarzen Bären. Lieder und Gedichte der Indianer, München 1992.

Bâ, A.H., Vie et enseignement de Tierno Bokar. Le Sage de Bandiagara, Paris 1980.

Bloch, E., Differenzierungen im Begriff Fortschritt, in: ders., Tübinger Einleitung in die Philosophie 1, Frankfurt/M. 1963, S. 160-203.

Blocker, G., African Philosophy, in: African Philosophical Inquiry 1, 1987, S. 1-7.

Böhme, G., Platons theoretische Philosophie, Stuttgart/Weimar 2000.

Ders., Weltweisheit, Lebensform, Wissenschaft. Eine Einführung in die Philosophie, Frankfurt/M. 1994.

Brakel, J. van, Interculturele communicatie en multiculturalisme. Enige filosofische voorbeschouwingen, Assen 1998.

Brand, G., The Nature of Salvation. A Typology of Existing Approaches, in: Exchange 28, 1999, S. 1-20.

Buber, M., Das dialogische Prinzip, Heidelberg 1984.

Capelle, W. (Hg.), Die Vorsokratiker. Fragmente und Quellenberichte, Stuttgart 1953.

Ceylan, Y., Islam and Global Dialogue, in: H. Kimmerle/H. Oosterling (Hg.), Sensus communis in Multi- and Intercultural Perspective. On the Possibility of Common Judgments in Arts and Politics, Würzburg 2000, S. 129-140.

Cheng, Ch.-Y., Chinese Metaphysics as Non-Metaphysics. Confucian and Daoist Insights into the Nature of Reality, in: R.E. Allinson (Hg.), Understanding the Chinese Mind. The Philosophical Roots, Hongkong u.a. 1989, S. 167-208.

Cho, S., Selbstlosigkeit. Zu einer buddhistischen Vision von sozialer Gerechtigkeit, in: polylog 6, 2000, S. 30-37.

Cua, A.S., The Concept of Li in Confucian Moral Theory, in: R.E. Allinson (Hg.), Understanding the Chinese Mind. The Philosophical Roots, Hongkong u.a. 1989, S. 209-235.

Daele, W. van den, Mensch nach Maß? Ethische Probleme der Genmanipulation und Gentherapie, München 1985.

Derrida, J., La crise de l'enseignement philosophique, in: ders., Du droit à la philosophie, Paris 1990, S. 155-170.

Ders., Grammatologie, übers. von H.J. Rheinberger/H. Zischler, Frankfurt/M. 1974.

Diemer, A., Symposium on Philosophy in the Present Situation of Africa, Wiesbaden 1981.

Diemer, A./Hountondji, P.J. (Hg.), Africa and the problem of its identity/L'Afrique et le problème de son identité/Afrika und das Problem seiner Identität, Frankfurt/M. u.a. 1985.

Duala M'bedy, L.J.B. (Hg.), Das Begehren des Fremden. Tagungsergebnisse 1991 des Kaiserswerther Instituts für Xenologie, Essen 1992.

Duala M'bedy, M., Xenologie. Die Wissenschaft vom Fremden und die Verdrängung der Humanität in der Anthropologie, Freiburg/München 1977.

Dussel, E., Ethische Prinzipien und Ökonomie aus der Perspektive der »Ethik der Befreiung«, in: polylog 6, 2000, S. 17-29.

Elberfeld, R., Kitaro Nishida (1870-1945). Moderne japanische Philosophie und die Frage nach der Interkulturalität, Amsterdam/Atlanta/GA 1999.

Fabian, J., Religious and Secular Colonization. Common Ground, in: History and Anthropology 4, 1990, S. 339-355.

Ders., Time and the Other. How Anthropology Makes its Subject, New York 1983.

Ferraro, G., Cultural Anthropology. An Applied Perspective, St. Paul/MN u.a. 1992.

Figl, A., Immanuel Kant und die wissenschaftliche Weihe des Rassismus, in: Zeitschrift für Afrikastudien 13/14, 1992, S. 9-28.

Fornet-Betancourt, R., Einführung, in: ders. (Hg.), Armut im Spannungsfeld zwischen Globalisierung und dem Recht auf eigene Kultur, Frankfurt/M. 1998.

Ders., Lateinamerikanische Philosophie zwischen Inkulturation und Interkulturalität, Frankfurt/M. 1997.

Ders., Philosophie und Theologie der Befreiung, Frankfurt/M. 1988.

Gadamer, H.-G., Wahrheit und Methode. Grundzüge einer philosophischen Hermeneutik, Tübingen 1961.

Gbadegesin, S., African Philosophy. Traditional Yoruba Philosophy and Contemporary African Realities, New York u.a. 1991.

Geertz, C., Anti Anti-relativism, in: American Anthropologist 86, 1984, S. 263-278.

Ders., The Interpretation of Cultures. Selected Essays, London 1993.

Glasenapp, H. von, Die fünf Weltreligionen. Hinduismus, Buddhismus, Chinesischer Universismus, Christentum, Islam, Kreuzlingen/München 1963. (Nachdruck Düsseldorf/Köln 2001)

Ders. (Hg.), Pfad zur Erleuchtung. Buddhistische Grundtexte, Düsseldorf/Köln 1978.

Graness, A./Kresse, K. (Hg.), Sagacious Reasoning. Henry Odera Oruka in memoriam, Frankfurt/M. u.a. 1997.

Griaule, M., Dieu d'eau. Conversations avec Ogotemmêli, Paris 1966.

Gyekye, K., An essay on African philosophical thought. The Akan conceptual scheme, Philadelphia 1995.

Ders., Tradition and Modernity. Philosophical Reflections on the African Experience, New York/Oxford 1997.

Haar, G. ter, Standing up for Jesus. A survey of new developments in Christianity in Ghana, in: Exchange 23, 1994, S. 221-240.

Habermas, J., Theorie des kommunikativen Handelns, Frankfurt/M. 1981.

Harding, S.L./Reinwald, B. (Hg.), Afrika – Mutter und Modell der europäischen Zivilisation. Zur Rehabilitierung des Schwarzen Kontinents durch Cheikh Anta Diop, Berlin 1990.

Hartig, W., Die Lehre des Buddha und Heidegger. Beiträge zum Ost-West-Dialog des Denkens im 20. Jahrhundert, Konstanz 1997.

Hegel, G.W.F., Enzyklopädie der philosophischen Wissenschaften im Grundrisse (1827), in: ders., Gesammelte Werke, Bd. 19, hg. im Auf-

trag der Deutschen Forschungsgemeinschaft und der Nordrhein-Westfälischen Akademie der Wissenschaften, Hamburg 1989.
Ders., Frühe Schriften, in: ders., Werke in zwanzig Bänden, Bd. 1, hg. von E. Moldenhauer/K.M. Michel, Frankfurt/M. 1971.
Ders., Grundlinien der Philosophie des Rechts, hg. von J. Hoffmeister, Hamburg 1955.
Ders., Jenaer Kritische Schriften, in: ders., Gesammelte Werke, Bd. 4, hg. im Auftrag der Deutschen Forschungsgemeinschaft, Hamburg 1968.
Ders., Über die unter dem Namen Bhagavad-Gita bekannte Episode des Mahabharata Wilhelm von Humboldt, in: ders., Werke in zwanzig Bänden, Bd. 11, hg. von E. Moldenhauer/K.M. Michel, Frankfurt/M. 1970, S. 131-204.
Ders., Vorlesungen über die Philosophie der Religion, Bd. 2, hg. von G. Lasson, Hamburg 1966.
Ders., Vorlesungen über die Philosophie der Weltgeschichte, Bd. 1, hg. von J. Hoffmeister, Hamburg 1966.
Heidegger, M., Aus einem Gespräch über die Sprache. Zwischen einem Japaner und einem Fragenden, in: ders., Unterwegs zur Sprache, Pfullingen 1959, S. 83-155.
Ders., Europa und die deutsche Philosophie (1936), in: H.-H. Gander (Hg.), Europa und die Philosophie, Frankfurt/M. 1993, S. 31-41.
Ders., Der Spruch des Anaximander, in: ders., Holzwege, Frankfurt/M. 1952, S. 296-343.
Helfrich, K./Jebens, H./Nelke, W./Winckelmann, C., Asmat. Mythos und Kunst im Leben mit den Ahnen, Berlin 1996.
Hengelbrock, J. (Hg.), Selbstverständnis und Lehre – international (=Philosophie. Beiträge zur Unterrichtspraxis, Heft 26), Frankfurt/M. 1991.
Hoffmann, G.-R. (Hg.), Afrika. Texte zur afrikanischen Philosophie (=Philosophie. Beiträge zur Unterrichtspraxis, Heft 29), Frankfurt/M. 1993.
Holenstein, E., Kulturphilosophische Perspektiven. Schulbeispiel Schweiz. Identität auf dem Prüfstand. Globale Verständigungsmöglichkeiten, Frankfurt/M. 1998.
Hoogland, J., Over de zin van een interculturele filosofie, in: Tijdschrift voor Filosofie 58, 1996, S. 519-544.
Hornung, E. (Hg.), Das Totenbuch der Ägypter, Zürich 1979.
Horton, R., Traditional thought and the emerging African Philosophy Departments, in: Second Order VI, 1977, S. 64-80.

Hountondji, P.J., Afrikanische Philosophie. Mythos und Realität, hg. von G.-R. Hoffmann, Berlin 1993.
Ders. (Hg.), Bilan de recherche philosophique africaine alphabétique/ Philosophical Research in Africa. A Bibliographical Survey, Cotonou 1987.
Huntington, S.P., Kampf der Kulturen. The Clash of Civilizations. Die Neugestaltung der Weltpolitik im 21. Jahrhundert, München/Wien 1996.
Huxley, A., Schöne neue Welt, übers. von H.E. Herlitschka, Frankfurt/M. 1953.
Jacobs, C., Nicht-westliche Kunst in westlichen Museen. Verschiebungen in einem interkulturellen Dialog, in: H. Kimmerle (Hg.), Das Multiversum der Kulturen. Beiträge zu einer Vorlesung im Fach »Interkulturelle Philosophie« an der Erasmus Universität Rotterdam, Amsterdam /Atlanta/GA 1996, S. 195-217.
Jonas, H., Das Prinzip Verantwortung, Frankfurt/M. 1984.
Kaltreider, K. (Hg.), American Indian Prophecies. Conversations with Chasing Deer, Carlsbad/CA 1998.
Kant, I., Zum ewigen Frieden, in: Kants Werke. Akademie-Textausgabe, Berlin 1968, Bd. 8, S. 341-386.
Ders., Physische Geographie, in: Kants Werke. Akademie-Textausgabe, Berlin 1968, Bd. 9, S. 151-436.
Keesing, R.M., Cultural Anthropology. A Contemporary Perspective, New York u.a. 1981.
Kimmerle, H., Afrika in Amerika, in: ders., Die Dimension des Interkulturellen. Philosophie in Afrika – afrikanische Philosophie. Zweiter Teil: Supplemente und Verallgemeinerungsschritte, Amsterdam /Atlanta/GA 1994, S. 43-75.
Ders., Afrikanische Philosophie als Weisheitslehre? in: R.A. Mall/D. Lohmar (Hg.), Philosophische Grundlagen der Interkulturalität, Amsterdam /Atlanta/GA 1993, S. 159-180.
Ders., Art and Philosophy in the Development of Sub-Saharan Africa, in: International Sociology 7, 1992, S. 173-186.
Ders., Die Dimension des Interkulturellen. Philosophie in Afrika – afrikanische Philosophie. Zweiter Teil: Supplemente und Verallgemeinerungsschritte, Amsterdam/Atlanta/GA 1994.
Ders., Entgeistert. Ein Essay über den Verlust des Geisterglaubens und

den Wirklichkeitsstatus der Welt der Geister, http://kimmerle.op.het.net/entgeistert.htm.
Ders. (Hg.), Das Multiversum der Kulturen. Beiträge zu einer Vorlesung im Fach »Interkulturelle Philosophie« an der Erasmus Universität Rotterdam, Amsterdam/Atlanta/GA 1996.
Ders., The Philosophical Text in the African Oral Tradition, in: H. Kimmerle/F.M. Wimmer (Hg.), Philosophy and Democracy in Intercultural Perspective/Philosophie et démocratie en perspective interculturelle, Amsterdam/Atlanta/GA 1997, S. 43-56.
Ders., Philosophie in Afrika – afrikanische Philosophie. Annäherungen an einen interkulturellen Philosophiebegriff, Frankfurt/M. 1991.
Ders., Philosophien der Differenz. Eine Einführung, Würzburg 2000.
Kimmerle, H./Oosterling, H. (Hg.), Sensus communis in Multi- and Intercultural Perspective. On the Possibility of Common Judgments in Arts and Politics, Würzburg 2000.
Kimmerle, H./Wimmer, F.M. (Hg.), Philosophy and Democracy in Intercultural Perspective/Philosophie et démocratie en perspective interculturelle, Amsterdam/Atlanta/GA 1997.
Konaté, Y., Aktualität der Philosophie in Afrika. Traditionen und wissenschaftlich-technischer Fortschritt, in: H. Nagl-Docekal/F.M. Wimmer (Hg.), Postkoloniales Philosophieren: Afrika, Wien/München 1992, S. 156-169.
Kristeva, J., Fremde sind wir uns selbst, übers. von X. Rajewsky, Frankfurt/M. 1990.
Kuebler, H./Falk, F. (Hg.), Ife, Akan, Benin. Westafrikanische Kunst in 2000 Jahren. Gold – Bronzen – Terrakotten, Stuttgart 2000.
Küng, H., Projekt Weltethos, München/Zürich 1990.
Leiris, M., Ethnologische Schriften, Bd. 2: Das Auge des Ethnographen, übers. von R. Wintermeyer, hg. von H.-J. Heinrichs, Frankfurt/M. 1985.
Levinas, E., Die Spur des Anderen. Untersuchungen zur Phänomenologie und Sozialphilosophie, übers. von W.N. Krewani, Freiburg/München 1983.
Lévi-Strauss, C., Traurige Tropen, Köln 1960.
Ders., Das wilde Denken, Frankfurt/M. 1968.
Libbrecht, U., Inleiding Comparatieve Filosofie I. Opzet en ontwikkeling van een comparatief model, Assen 1995.

Ders., Inleiding Comparatieve Filosofie II. Culturen in het licht van een comparatief model, Assen 1999.
Lölke, U., Kritische Traditionen. Afrika. Philosophie als Ort der Dekolonisation, Frankfurt/M. 2001.
Loenhoff, J., Interkulturelle Verständigung. Zum Problem grenzüberschreitender Kommunikation, Opladen 1992.
Loko, E./Schönauer, Th. (Hg.), Afrikanisch-europäische Inspiration/Inspiration Afro-Européenne, Rees 1993.
Mall, R.A., Buddhismus. Religion der Postmoderne?, Hildesheim 1990.
Ders., Der Hinduismus. Seine Stellung in der Vielfalt der Religionen, Darmstadt 1997.
Ders., Interkulturelle Philosophie und Historiographie, in: M. Brocker/ H. Nau (Hg.), Ethnozentrismus. Möglichkeiten und Grenzen des interkulturellen Dialogs, Darmstadt 1997, S. 69-89.
Ders., Philosophie im Vergleich der Kulturen. Eine Einführung in die interkulturelle Philosophie, Bremen 1992.
Mall, R.A./Hülsmann, H., Die drei Geburtsorte der Philosophie. China, Indien, Europa, Bonn 1989.
Mall, R.A./Lohmar, D. (Hg.), Philosophische Grundlagen der Interkulturalität, Amsterdam/Atlanta/GA 1993.
Mehta, J.L., India and the West. The Problem of Understanding, Chico/CA 1985.
Moritz, R./Rüstau, H./Hoffmann, G.-R. (Hg.), Wie und warum entstand Philosophie in verschiedenen Regionen der Erde?, Berlin 1988.
Mudimbe, V.Y., The Invention of Africa. Gnosis, Philosophy and the Order of Knowledge, Bloomington/Indianapolis 1988.
Münkler, H./Ladewig, B., Einleitung: Das Verschwinden des Fremden und die Pluralisierung der Fremdheit, in: H. Münkler./K. Meßlinger/ B. Ladewig (Hg.), Die Herausforderung durch das Fremde, Berlin 1998, S. 11-25.
Nagl-Docekal, H./Wimmer, F.M. (Hg.), Postkoloniales Philosophieren: Afrika, Wien/München 1992.
Nietzsche, F., Also sprach Zarathustra, in: ders., Sämtliche Werke, Bd. 4, hg. von G. Colli/M. Montinari, Berlin/New York 1980.
Ders., Nachgelassene Fragmente, in: ders., Sämtliche Werke, Bd. 7-13, hg. von G. Colli/M. Montinari, Berlin/New York 1980.
Ders., Die Philosophie im tragischen Zeitalter der Griechen, in: ders.,

Sämtliche Werke, Bd. 1, hg. von G. Colli/M. Montinari, Berlin/New York 1980, S. 799-872.

Nishida, K., Die Logik des Ortes. Der Anfang der modernen Philosophie in Japan, hg. von R. Elberfeld, Darmstadt 1999.

Odera Oruka, H., Ecophilosophy and the Parental Earth Ethics (On the Complex Web of Being), in: A. Graness/K. Kresse (Hg.), Sagacious Reasoning. Henry Odera Oruka in memoriam, Frankfurt/M. u.a. 1997, S. 119-131.

Ders., Philosophy and other Disciplines, in: A. Graness/K. Kresse (Hg.), Sagacious Reasoning. Henry Odera Oruka in memoriam, Frankfurt/M. u.a. 1997, S. 35-45.

Ders., Mythologies as African Philosophy, in: A. Graness/K. Kresse (Hg.), Sagacious Reasoning. Henry Odera Oruka in memoriam, Frankfurt/M. u.a. 1997, S. 23-34.

Ders., Philosophie der Entwicklungshilfe. Eine Frage des Rechts auf ein menschliches Minimum, in: polylog 6, 2000, S. 6-16.

Ders., Sage Philosophy. Indigenous Thinkers and Modern Debate on African Philosophy, Leiden u.a. 1990.

Ohashi, R., The Japanese Art-Way (dô). Sensus communis in the Context of the Question of a Non-Western Concept of Modernity, in: H. Kimmerle/H. Oosterling (Hg.) Sensus communis in Multi- and Intercultural Perspective. On the Possibility of Common Judgments in Arts and Politics, Würzburg 2000, S. 53-59.

Ders. (Hg.), Die Philosophie der Kyoto-Schule. Texte und Einführungen, München/Freiburg 1990.

Ders., Reflexion der nicht-europäischen Moderne, in: R.A. Mall/D. Lohmar (Hg.), Philosophische Grundlagen der Interkulturalität, Amsterdam/Atlanta/GA 1993, S. 147-158.

Oluwole, S.B., Philosophy and Oral Tradition, Ikeja 1997.

Radin, P., Primitive Man as Philosopher, New York/London 1927.

Rawls, J., Eine Theorie der Gerechtigkeit, hg. von O. Höffe, übers. von J. Schulte, Freiburg/München 1977.

Roetz, H., Konfuzius, München 1995.

Russell, B., A History of Western Philosophy, London 1984.

Schelkshorn, H., Diskurs und Befreiung. Studien zur philosophischen Ethik von Karl-Otto Apel und Enrique Dussel, Amsterdam/Atlanta/GA 1997.

Schmied-Kowarzik, W. (Hg.), Verstehen und Verständigung. Ethnologie – Xenologie – Interkulturelle Philosophie, Würzburg 2002.

Seel, M., Ästhetik der Natur, Frankfurt/M. 1991.

Senghaas, D., Interkulturelle Philosophie in der Welt von heute, in: ders., Zivilisierung wider Willen. Der Konflikt der Kulturen mit sich selbst, Frankfurt/M. 1998, S. 27-49.

Smith, H.A. (Hg.), The Speech of Chief Sealth (1854), Seattle 1887.

Smith, J.E., Interpreting across Boundaries, in R.E. Allinson (Hg.), Understanding the Chinese Mind. The Philosophical Roots, Hongkong u.a. 1989, S. 26-47.

Sumner, C., The Source of African Philosophy. The Ethiopian Philosophy of Man, Stuttgart 1987.

Sze-Kwang, L., On Understanding Chinese Philosophy. An Inquiry and a Proposal, in: R.E. Allinson (Hg.), Understanding the Chinese Mind. The Philosophical Roots, Hongkong u.a. 1989, S. 265-293.

Tempels, P.J., Bantu Philosophie, Heidelberg 1956.

Tiemersma, D., De actuele betekenis van de Advaita Vedanta, in: ders. (Hg.), Advaita Vedanta. De vraag naar het zelf-zijn, Gouda/Rotterdam 2001, S. 37-52.

Tomaschitz, W., Nisihida als Kulturphilosoph. Zu R. Elberfeld: Kitaro Nishida, in: polylog 5, 2000, S. 82f.

Tylor, E.B., The origins of culture, 2 Bde., hg. von P. Radin, New York 1958.

Vetsch, F., Martin Heideggers Angang der interkulturellen Auseinandersetzung, Würzburg 1992.

Waldenfels, B., Topographie des Fremden. Studien zur Phänomenologie des Fremden I, Frankfurt/M. 1997.

Wanjohi, G.J., The Wisdom and Philosophy of the Gikuyu Proverbs. The Kihooto World-View, Nairobi 1997.

Wimmer, F.M., Interkulturelle Philosophie. Geschichte und Theorie, Bd. 1, Wien 1990.

Ders., Interkulturelle Philosophie – Vom Dilemma der Kulturalität zum Polylog, Wien 2001.

Ders., Rassismus und Kulturphilosophie, in: G. Heiß (Hg.), Willfährige Wissenschaft. Die Universität Wien 1938-1945, Wien 1989, S. 89-114.

Wiredu, K., Cultural Universals and Particulars. An African Perspective, Bloomington/Indianapolis 1996.

Ders., The Need of Conceptual Decolonization in African Philosophy, in: K. Wiredu, Cultural Universals and Particulars. An African Perspective, Bloomington/Indianapolis 1996, S. 136-144 und in: H. Kimmerle/F.M. Wimmer (Hg.), Philosophy and Democracy in Intercultural Perspective/Philosophie et démocratie en perspective interculturelle, Amsterdam/Atlanta/GA 1997, S. 11-22.

Heinz Kimmerle, geb. 1930, emeritierter Professor für Philosophie, von 1990 bis 1995 Inhaber des besonderen Lehrstuhls für Grundlagen der interkulturellen Philosophie an der Erasmus Universität Rotterdam. Hauptarbeitsgebiete: (historisch) Schleiermacher, Hegel, Marx, Bloch, Derrida; (systematisch) Hermeneutik, Dialektik, Religionsphilosophie, Theorie der Geistes- und Sozialwissenschaften, Philosophien der Differenz, interkulturelle Philosophie (mit Schwerpunkt afrikanische Philosophie). Im Junius Verlag erschien von ihm: Jacques Derrida zur Einführung.